Impressum
Verlag: BABADADA GmbH, Nedderfeld 112 , 22529 Hamburg
Geschäftsführer / Verlagsleitung: Harald Hof
Druck: Books on Demand GmbH, In de Tarpen 42, 22848 Norderstedt

Imprint
Publisher: BABADADA GmbH, Nedderfeld 112 , 22529 Hamburg, Germany
Managing Director / Publishing direction: Harald Hof
Print: Books on Demand GmbH, In de Tarpen 42, 22848 Norderstedt

shule
ໂຮງຮຽນ

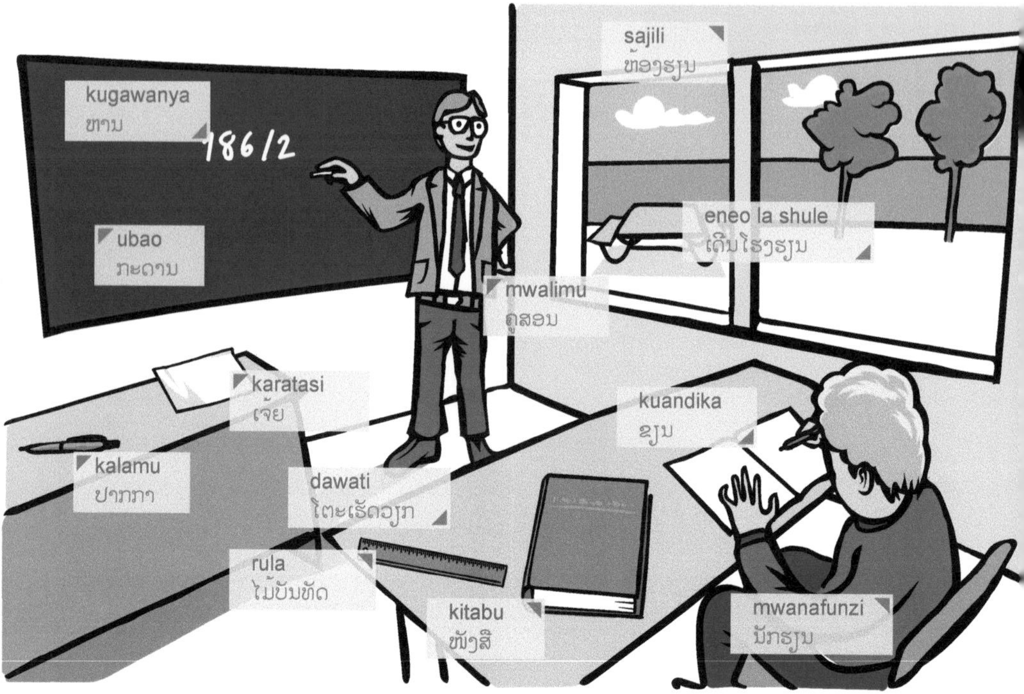
sajili
ຫ້ອງຮຽນ
kugawanya
ຫານ
186/2
ubao
ກະດານ
eneo la shule
ເດີນໂຮງຮຽນ
mwalimu
ຄູສອນ
karatasi
ເຈ້ຍ
kuandika
ຂຽນ
kalamu
ປາກກາ
dawati
ໂຕະເຮັດວຽກ
rula
ໄມ້ບັນທັດ
kitabu
ໜັງສື
mwanafunzi
ນັກຮຽນ

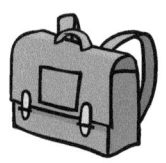

mkoba
ກະເປົາໃສ່ປຶ້ມທີ່ມີສາຍພາຍ

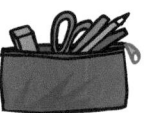

kikasha cha penseli
ກັບສໍດຳ

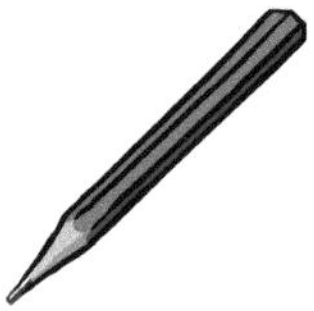

penseli
ສໍດຳ

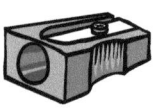

kichonga penseli
ເຄື່ອງແຫຼມສໍ

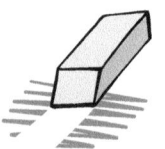

mpira
ຢາງລຶບ

pedi ya kuchora
ສະໝຸດແຕ້ມຮູບ

uchoraji

ພາບວາດ

brashi ya rangi

ແປງທາສີ

sanduku la rangi

ກ່ອງສີ

mkasi

ມິດຕັດ

gundi

ກາວ

daftari

ປຶ້ມເຜີກທັດ

kazi ya nyumbani

ວຽກບ້ານ

nambari

ຕົວເລກ

jumlisha

ບວກ

ondoa

ລົບ

zidisha

ຄູນ

kokotoa

ຄິດໄລ່

barua

ຕົວອັກສອນ

alfabeti

ພະຍັນຊະນະ

hello

neno

ຄຳສັບ

maandishi

ຂໍ້ຄວາມ

kusoma

ອ່ານ

chaki

ສໍຂາວ

somo

ບົດຮຽນ

sajili

ລົງທະບຽນ

uchunguzi

ການສອບເສັງ

cheti

ໃບຍັ້ງຢືນ

sare za shule

ຊຸດນັກຮຽນ

elimu

ການສຶກສາ

elezo

ປຶ້ມຮວບຮວມຄວາມຮູ້ສາລະພັດ

chuo kikuu

ມະຫາວິທະຍາໄລ

darubini

ກ້ອງຈຸລະທັດ

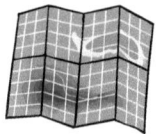

ramani

ແຜນທີ່

kikapu cha kuweka karatasi chafu

ກະຕ່າໃສ່ເສດເຈ້ຍ

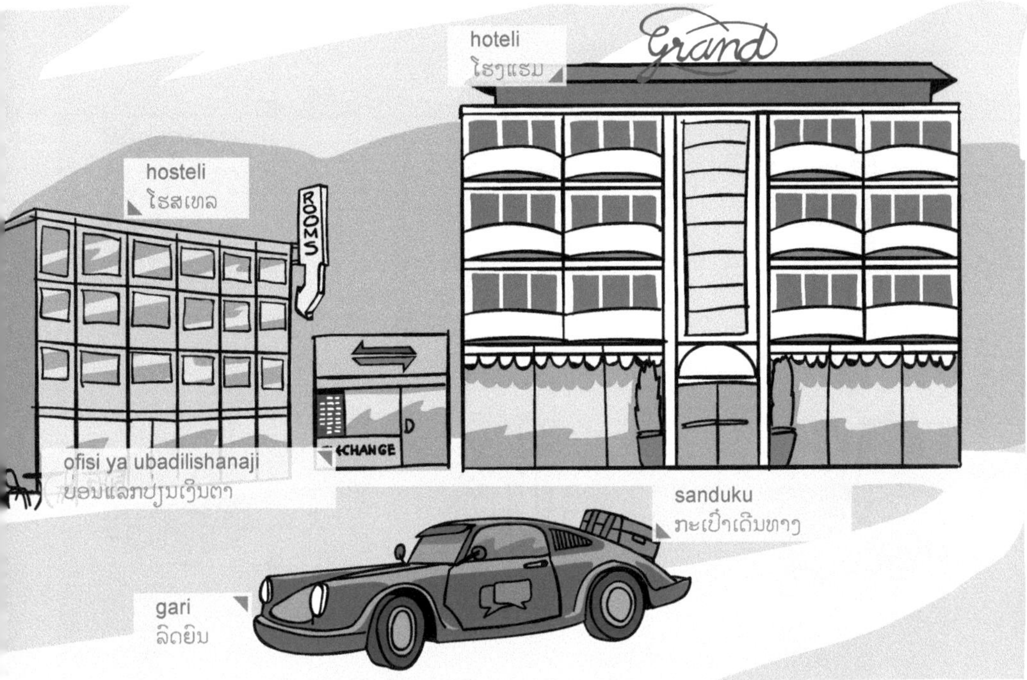

hoteli
ໂຮງແຮມ
Grand
hosteli
ໂຮສເທລ
ROOMS
ofisi ya ubadilishanaji
ບ່ອນແລກປ່ຽນເງິນຕາ
sanduku
ກະເປົ໋າເດີນທາງ
gari
ລົດຍົນ

lugha
ພາສາ

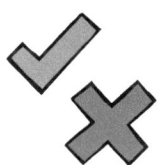

ndiyo / la
ແມ່ນ / ບໍ່ແມ່ນ

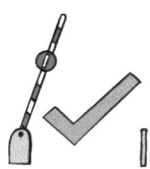

sawa
ຕົກລົງ

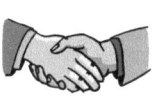

hujambo
ສະບາຍດີ

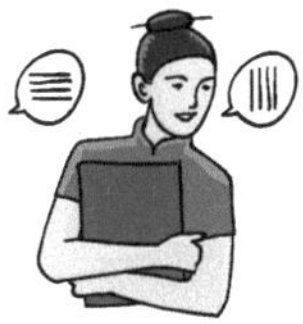

mtafsiri
ນັກແປພາສາ

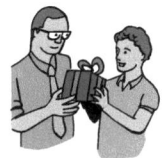

Asante
ຂອບໃຈ

kiasi gani ni ...?

ລາຄາເທົ່າໃດ...?

Sielewi

ຂ້ອຍບໍ່ເຂົ້າໃຈ

tatizo

ບັນຫາ

Jioni njema!

ສະບາຍດີຕອນແລງ!

Habari za asubuhi!

ສະບາຍດີຕອນເຊົ້າ!

Usiku mwema!

ລາຕິສະຫວັດ

kwa heri

ລາກ່ອນ

mwelekeo

ທິດທາງ

mizigo

ກະເປົ໋າເດີນທາງ

mfuko

ກະເປົ໋າ

shanta

ກະເປົ໋າພາຍຫຼັງ

mgeni

ແຂກ

chumba

ຫ້ອງ

begi la kulalia

ຖົງໃສ່ເຄື່ອງນອນ

hema

ເຕັ້ນ

taarifa ya utalii

ຂໍ້ມູນນັກທ່ອງທ່ຽວ

ufuo

ຊາຍຫາດ

kadi

ບິດເຄຣດິດ

kifunguakinywa

ອາຫານເຊົ້າ

chakula cha mchana

ອາຫານທ່ຽງ

chakula cha jioni

ອາຫານແລງ

tiketi

ປີ້

kuinua

ລິຟ

muhuri

ສະແຕມ

mpaka

ພົມແດນ

mila

ພາສີ

ubalozi

ສະຖານທູດ

visa

ວີຊາ

pasipoti

ໜັງສືຜ່ານແດນ

usafiri
ຂົນສົ່ງ

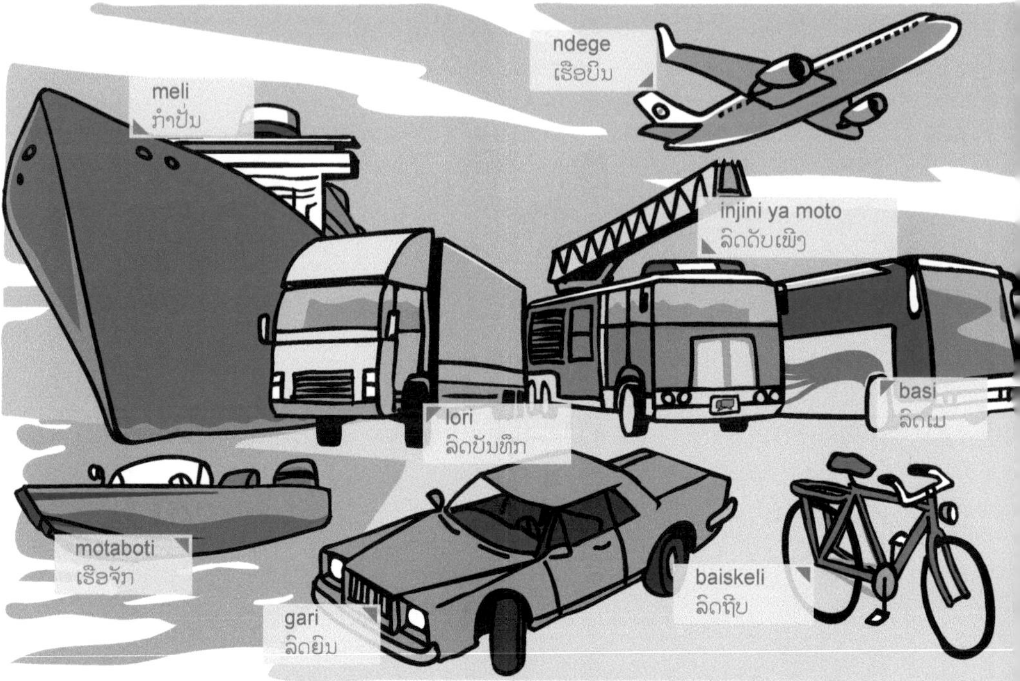
ndege
ເຮືອບິນ
meli
ກຳປັ່ນ
injini ya moto
ລົດດັບເພີງ
basi
ລົດເມ
lori
ລົດບັນທຸກ
motaboti
ເຮືອຈັກ
gari
ລົດຍົນ
baiskeli
ລົດຖີບ

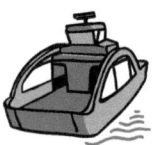

feri
ເຮືອຂ້າມຟາກ

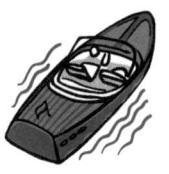

mashua
ເຮືອ

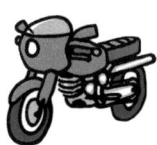

pikipiki
ລົດຈັກ

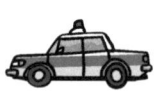

gari la polisi
ລົດຕຳຫຼວດ

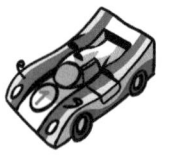

gari la mashindano
ລົດແຂ່ງ

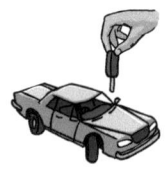

gari la kukodisha
ລົດເຊົ່າ

kushiriki gari

ການແບງປັນກັບໃຫ້ລົດ

lori la kuvuta

ລົດລາກ

ukusanyaji taka

ລົດຂົນຂີ້ເຫຍື້ອ

motor

ເຄື່ອງຢົນ

mafuta

ເຊື້ອໄຟ

kituo cha mafuta

ປ໊ຳບ້ຳມັນ

ishara trafiki

ປ້າຍຈາລະຈອນ

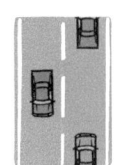

trafiki

ການຈາລະຈອນ

msongamano

ການຈາລະຈອນຕິດຂັດ

maegesho

ບ່ອນຈອດລົດ

kituo cha treni

ສະຖານີລົດໄຟ

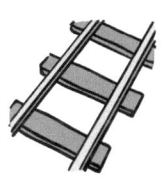

reli

ລາງລົດໄຟ

garimoshi

ລົດໄຟ

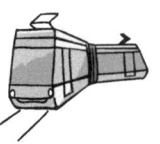

tremu

ລົດລາງ

gari la mizigo

ຕູ້ລົດໄຟ

helikopta

ເຮລິຄອບເຕີ

uwanja wa ndege

ສະໜາມບິນ

mnara

ທ່າຄອຍ

abiria

ຜູ້ໂດຍສານ

chombo

ຕູ້ບັນຈຸສິນຄ້າ

katoni

ກອງເຈ້ຍ

mkokoteni

ກວຽນ

kikapu

ກະຕ່າ

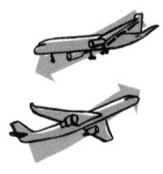

ondoka

ເຮືອບິນຂຶ້ນ / ເຮືອບິນລົງຈອດ

jiji

ເມືອງ

kijiji

ບ້ານ

katikati ya jiji

ໃຈກາງເມືອງ

nyumba

ເຮືອນ

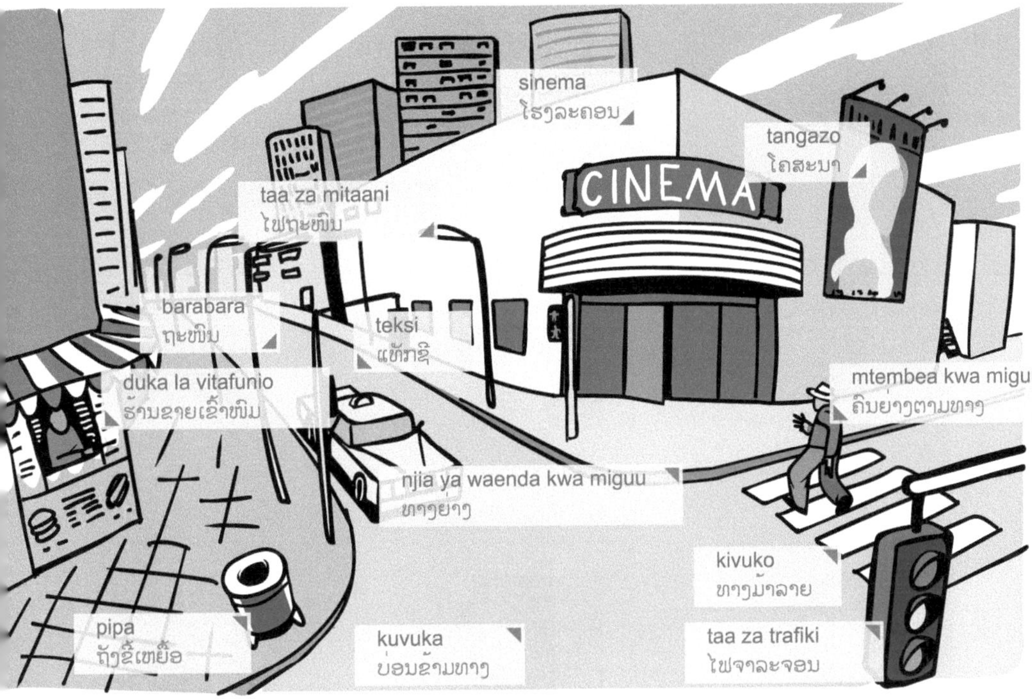

sinema
ໂຮງລະຄອນ

tangazo
ໂຄສະນາ

taa za mitaani
ໄຟຖະໜົນ

barabara
ຖະໜົນ

teksi
ແທັກຊີ

duka la vitafunio
ຮ້ານຂາຍເຂົ້າໜົມ

mtembea kwa miguu
ຄົນຍ່າງຕາມທາງ

njia ya waenda kwa miguu
ທາງຍ່າງ

kivuko
ທາງມ້າລາຍ

pipa
ຖັງຂີ້ເຫຍື້ອ

kuvuka
ບ່ອນຂ້າມທາງ

taa za trafiki
ໄຟຈາລະຈອນ

kibanda	gorofa	kituo cha treni
ຕູບ	ແຟລດ	ສະຖານີລົດໄຟ

ukumbi wa mji	Makavazi	shule
ໂຮງການເມືອງ	ຫໍພິພິດຕະພັນ	ໂຮງຮຽນ

chuo kikuu

ມະຫາວິທະຍາໄລ

benki

ທະນາຄານ

hospitali

ໂຮງໝໍ

hoteli

ໂຮງແຮມ

duka la dawa

ຮ້ານຂາຍຢາ

ofisi

ຫ້ອງການ

duka la kitabu

ຮ້ານຂາຍໜັງສື

duka

ຮ້ານຄ້າ

duka la maua

ຮ້ານຂາຍດອກໄມ້

dukakuu

ຊຸບເປີມາເກັດ

soko

ຕະຫຼາດ

idara ya kuhifadhi

ຫ້າງສັບພະສິນຄ້າ

mwuza samaki

ຮ້ານຂາຍປາ

kituo cha ununuzi

ສູນການຄ້າ

bandari

ທ່າເຮືອ

jiji - ເມືອງ

Hifadhi

ສວນສາທາລະນະ

benki

ແປ້ນມ້າ

daraja

ຂົວ

vidato

ຂັ້ນໃດ

chini ya ardhi

ລົດໄຟໃຕ້ດິນ

handaki

ອຸໂມງ

kituo cha mabasi

ປ້າຍລົດເມ

bar

ຮ້ານຂາຍເຫຼົ້າ

mgahawa

ຮ້ານອາຫານ

sanduku la posta

ຕູ້ໄປສະນີ

ishara ya barabara

ປ້າຍຊື່ຖະໜົນ

mita ya maegesho

ມິເຕີເກັບຄ່າຈອດລົດ

bustani ya wanyama

ສວນສັດ

kidimbwi cha kuogelea

ສະລອຍນ້ຳ

msikiti

ວັດມຸດສະລິມ

shamba

ຟາມ

uchafuzi

ມົນລະພິດ

makaburini

ສຸສານ

kanisa

ໂບດ

uwanja wa michezo

ເດີ່ນຫຼິ້ນຂອງເດັກນ້ອຍ

hekalu

ວັດມຸດສະລິມ

mazingira
ພູມິປະເທດ

jani
ໃບໄມ້

ishara ya mwelekeo
ປ້າຍບອກທາງ

njia
ທາງ

malisho
ທົ່ງຫຍ້າ

jiwe
ກ້ອນຫິນ

mti
ຕົ້ນໄມ້

mtembeaji wa masafa
ນັກເດີນທາງໆໄກດ້ວຍການຍ່າງ

mto
ແມ່ນ້ຳ

nyasi
ຫຍ້າ

ua
ດອກໄມ້

bonde

ຮ່ອມພູ

kilima

ເນີນເຂົາ

ziwa

ທະເລສາບ

msitu

ປ່າ

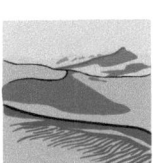

jangwa

ທະເລຊາຍ

volkano

ພູເຂົາໄຟ

ngome

ຂໍ້ປະສາດ

upinde wa mvua

ຮຸ້ງກິນນ້ຳ

uyoga

ເຫັດ

mtende

ຕົ້ນປາມ

mbu

ຍຸງ

kuruka

ແມງວັນ

chungu

ມົດ

nyuki

ເຜິ້ງ

buibui

ແມງມຸມ

mende

ແມງປັກແຂງ

chura

ກົບ

kuchakuro

ກະຮອກ

nungunungu

ເໝັ້ນ

sungura

ກະຕ່າຍປ່າ

bundi

ນົກເຄົ້າ

ndege

ນົກ

swan

ຫົງ

nguruwe mwitu

ໝູປ່າຕິວຜູ້

kulungu

ກວາງ

aina ya kongoni

ກວາງໃຫຍ່

bwawa

ເຂື່ອນ

tabo ya upepo

ໝາກາປືນ

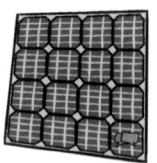

nishaji ya jua

ແຜງໂຊລາເຊລ

hali ya hewa

ສະພາບອາກາດ

mgahawa
ຮ້ານອາຫານ

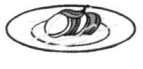

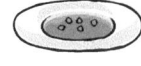

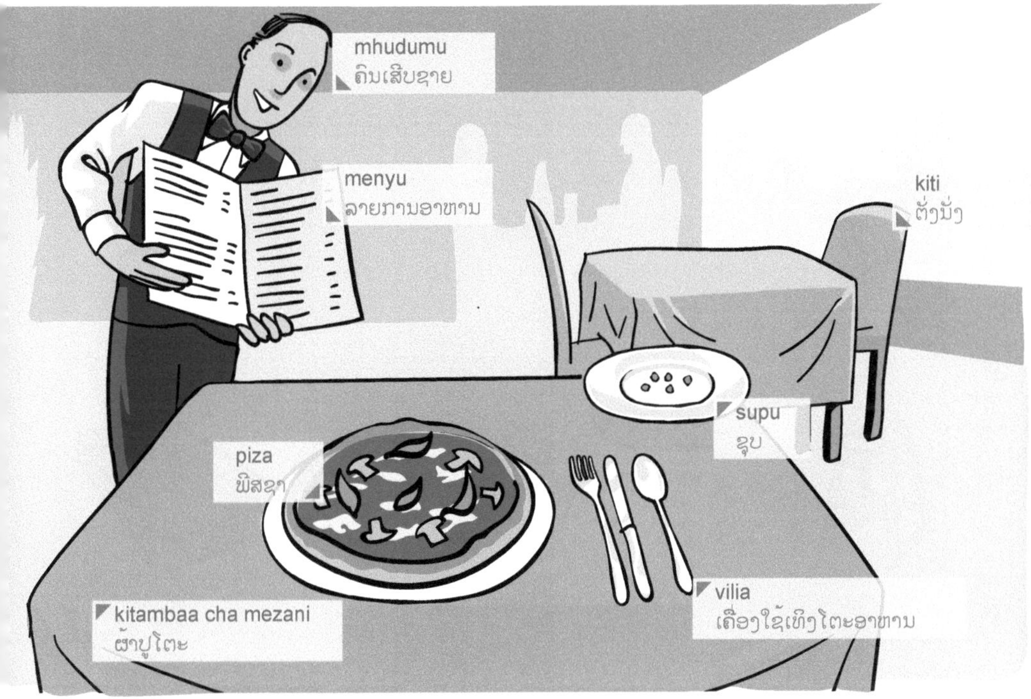

mhudumu
ຄົນເສີບຊາຍ
menyu
ລາຍການອາຫານ
kiti
ຕັ່ງນັ່ງ
supu
ຊຸບ
piza
ພິສຊາ
kitambaa cha mezani
ຜ້າປູໂຕະ
vilia
ເຄື່ອງໃຊ້ເທິງໂຕະອາຫານ

kiamsha hamu

ອາຫານເລີ່ມຕົ້ນ

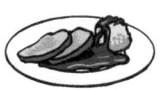

kozi kuu

ອາຫານຈານຫຼັກ

kitindamlo

ຂອງຫວານ

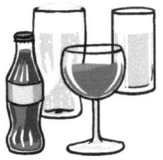

vinywaji

ເຄື່ອງດື່ມ

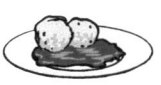

chakula

ອາຫານ

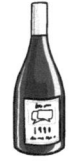

chupa

ຂວດແກ້ວ

chakula cha haraka

ອາຫານຈານດ່ວນ

Streetfood

ຮ້ານຂ້າງທາງ

buli

ເຕົ້ານ້ຳຊາ

kisanduku cha sukari

ຖ້ວຍນ້ຳຕານ

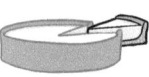

sehemu

ສ່ວນແບ່ງອາຫານສຳລັບໜຶ່ງຄົນ

mashine ya espresso

ເຄື່ອງຊົງກາເຟເອສເປຣສໂຊ

kiti kirefu

ເກົ້າອີ້ສູງ

muswada

ໃບເກັບເງິນ

trei

ຖາດ

kisu

ມີດ

uma

ສ້ອມ

kijiko

ບ່ວງ

kijiko cha chai

ຊ້ອນຊາ

nepi

ຜ້າເຊັດປາກຢູ່ໂຕະອາຫານ

glasi

ຈອກແກ້ວ

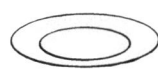

sahani

ຈານ

sahani ya supu

ຈານຊຸບ

sufuria

ຈານຮອງ

mchuzi

ຊອສ

kichanyaji chumvi

ກະປຸກເກືອ

kinu cha pilipili

ກະປຸກພິກໄທ

siki

ນ້ຳສົ້ມສາຍຊູ

mafuta

ນ້ຳມັນພືດ

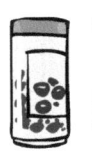

viungo

ເຄື່ອງເທດ

kechapu

ຊອສໝາກເດັ້ນ

haradali

ຜັກຈຳພວກຜັກກາດ

kachumbari nzito

ມາຍອນເນສ

dukakuu

ຊູບເປີມາກເກັດ

ofa maalum
ຂໍ້ສະເໜີພິເສດ
FOR
mteja
ລູກຄ້າ
maziwa
ຜະລິດຕະພັນທີ່ເຮັດຈາກນົມ
matunda
ໝາກໄມ້
toroli
ລົດຊຸກ

BUTCHERS

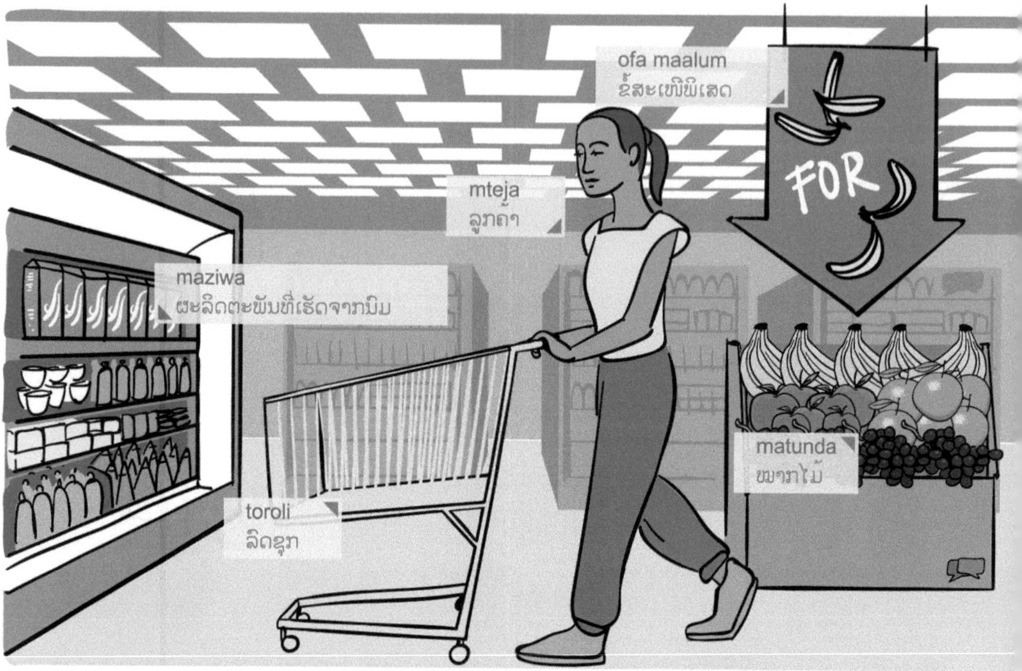

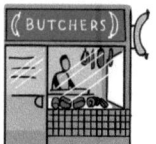

mchinjaji

ຮ້ານຂາຍຊີ້ນ

BAKERY

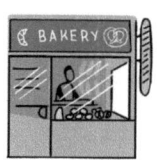

mwokaji

ຮ້ານຂາຍເຂົ້າໜົມປັງ

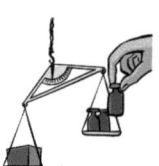

uzito

ຊັ່ງນ້ຳໜັກ

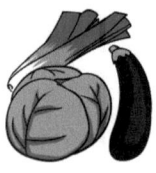

mboga

ຜັກ

nyama

ຊີ້ນ

chakula waliohifadhiwa

ອາຫານແຊ່ແຂງ

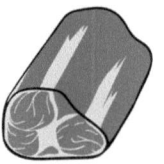

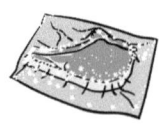

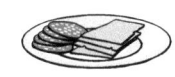

vipande vya nyama baridi

ຊີ້ນເຢັນ

chakula cha kopo

ອາຫານກະປ໋ອງ

sabuni ya unga

ແຜ່ນຊັກເຄື່ອງ

pipi

ເຂົ້າໜົມຫວານ

bidhaa za kaya

ຜະລິດຕະພັນໃນຄົວເຮືອນ

bidhaa za kusafisha

ຜະລິດຕະພັນທຳຄວາມສະອາດ

mtu mauzo

ພະນັກງານຂາຍຍິງ

mpaka

ເຄື່ອງຄິດເງິນ

keshia

ພະນັກງານເກັບສິດ

orodha ya manunuzi

ລາຍການຊື້ເຄື່ອງ

masaa ya ufunguzi

ເວລາເປີດເຮັດວຽກ

mkoba

ກະເປົາເງິນ

kadi

ບັດເຄຣດິດ

mfuko

ຖົງ

mfuko wa plastiki

ຖົງຢາງ

maji

ນ້ຳ

sharubati

ນ້ຳໝາກໄມ້

maziwa

ນົມ

coke

ໂຄກ

mvinyo

ວາຍ

bia

ເບຍ

pombe

ເຫຼົ້າ

kakao

ໂກໂກ້

chai

ຊາ

kahawa

ກາເຟ

spreso

ເອສເປຣສໂຂ

kapuchino

ຄາປູຊິໂນ

ndizi

ໝາກກ້ວຍ

tufaha

ແອັບເປີ້ນ

machungwa

ໝາກກ້ຽງ

tikiti

ໝາກໂມ

lemon

ໝາກນາວ

karoti

ທົວກະຮິດ

kitunguu saumu

ຜັກຫຽມ

mianzi

ຕົ້ນໄຜ່

kitunguu

ຫອມບົ່ວ

uyoga

ເຫັດ

karanga

ຖົ່ວ

nudo

ເສັ້ນໝີ່

spageti

ສະປາແກັດຕີ້

mpunga

ເຂົ້າ

saladi

ສະຫຼັດ

vibanzi

ມັນຝຣັ່ງທອດ

viazi vya kukaanga

ມັນຝຣັ່ງທອດ

piza

ພິສຊາ

hambaga

ແຮມເບີເກີ້

sandwichi

ແຊນວິດຈ໌

kipande

ຊີ້ນຕິດກະດູກ

paja la mnyama

ແຮມ

salami

ໄສ້ກອກແຫ້ງຊາລາມິ

soseji

ໄສ້ກອກ

kuku

ໄກ່

choma

ຢ່າງໆ

samaki

ປາ

oats ya uji
ເຂົ້າປຸກເຂົ້າໂອດ

muesli
ອາຫານຊະນິດເປັນເມັດກອບ

cornflakes
ເຂົ້າງຽບເປັນບ່ຽງນ້ອຍໆ

unga
ເຂົ້າແປ້ງ

kroisanti
ເຂົ້າຈີ່ຊະນິດທີ່ມີຮູບເດືອນເຄິ່ງໆ
ຫວອຍ

andazi
ເຂົ້າໜົມປັງແບບມ້ວນ

mkate
ເຂົ້າໜົມປັງ

mkate wa kubanika
ເຂົ້າໜົມປັງປິ້ງ

biskuti
ເຂົ້າໜົມປັງຊະນິດກ້ອນນ້ອຍ

siagi
ເນີຍ

maziwa mgando
ນ້ຳນົມແຂ້ນ

keki
ເຄກ

yai
ໄຂ່

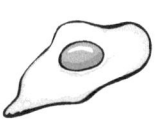

yai kukaanga
ໄຂ່ດາວ

jibini
ເນີຍແຂງ

aiskrimu

ກະແລ້ມ

sukari

ນ້ຳຕານ

asali

ນ້ຳເຜິ້ງ

jemu

ແຍມ

kuenea kwa chokoleti

ຊ້ອກໂກແລັດຄຣິມສະເປຣດ

mchuzi wa viungo

ກະລີ່

shamba

ຟາມ

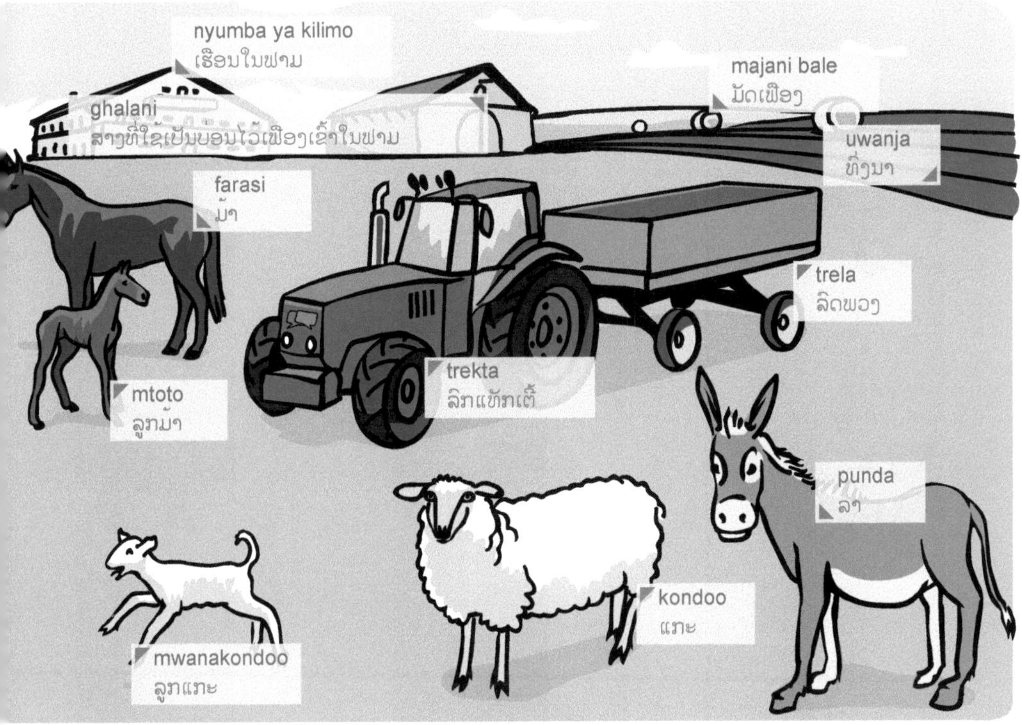
nyumba ya kilimo
ເຮືອນໃນຟາມ
ghalani
ສາງທີ່ໃຊ້ເປັນບ່ອນໄວ້ເຟືອງເຂົ້າໃນຟາມ
majani bale
ມັດເຟືອງ
uwanja
ທົ່ງນາ
farasi
ມ້າ
trela
ລົດພວງ
trekta
ລົດແທັກເຕີ້
mtoto
ລູກມ້າ
punda
ລາ
kondoo
ແກະ
mwanakondoo
ລູກແກະ

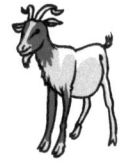

mbuzi

ແກະ

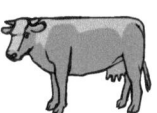

ng'ombe

ງົວຕົວແມ່

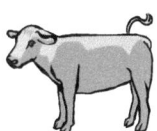

ndama

ລູກງົວ

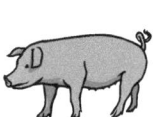

nguruwe

ໝູ

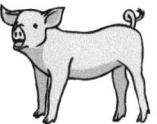

mwananguruwe

ລູກໝູ

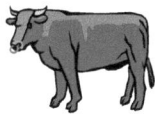

fahali

ງົວຕົວຜູ້

batabukini

ຫ່ານ

bata

ເປັດ

kifaranga

ລູກໄກ່

kuku

ແມ່ໄກ່

jogoo

ໄກ່ຜູ້

panya

ໜູ

paka

ແມວ

panya

ໜູ

ng'ombe

ງົວຕົວຜູ້

mbwa

ໝາ

nyumba ya mbwa

ຄອກໝາ

bomba la bustani

ສາຍທໍ່ຢາງທີ່ໃຊ້ໃນສວນ

debe la kumwagilia maji

ຂ້ອງຫົດຕົ້ນໄມ້

fyekeo

ກ່ຽວດ້າມຍາວ

kulima

ຄັນໄຖ

mundu

ກ຺ຽວ

jembe

ຈົກ

uma wa nyasi

ຄາດ

shoka

ຂວານ

toroli

ລົດຍູ້ລໍ້ດຽວ

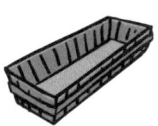

kupitia nyimbo

ທາງລົມ

chombo cha maziwa

ປ່ອງນົມ

gunia

ກະສອບ

ua

ຮົ້ວ

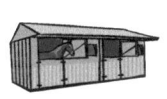

imara

ຄອກມ້າ

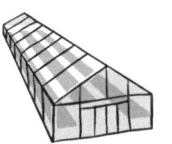

chafu

ເຮືອນກະຈົກ

udongo

ດິນ

mbegu

ແກນ

mbolea

ປຸ໋ຍ

kivunaji

ເຄື່ອງກ່ຽວເຂົ້າ

mavuno

ເກັບກ່ຽວ

mavuno

ການເກັບກ່ຽວ

viazi vikuu

ເຜືອກ

ngano

ເຂົ້າສາລີ

soya

ຖົ່ວເຫຼືອງ

viazi

ມັນຝລັ່ງ

mahindi

ເຂົ້າໂພດ

rapa

ດອກເຣພຊິດ

mti wa matunda

ຕົ້ນໄມ້ທີ່ອອກໝາກ

muhogo

ມັນຕົ້ນ

nafaka

ພືດຂະນິດເມັດ

nyumba
ເຮືອນ

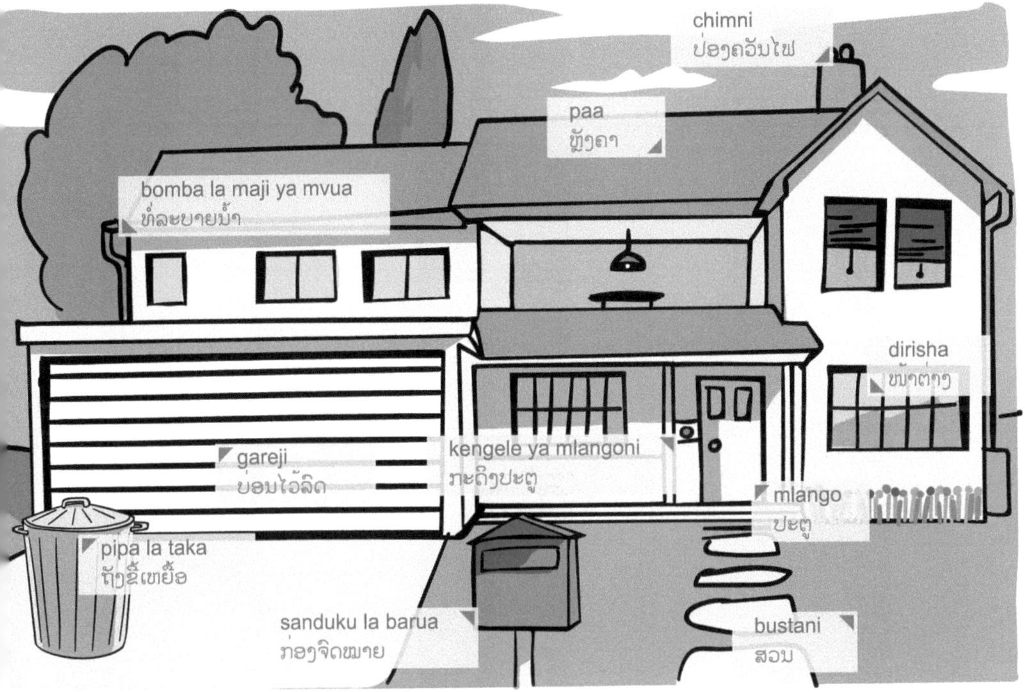
chimni
ປ່ອງຄວັນໄຟ
paa
ຫຼັງຄາ
bomba la maji ya mvua
ທໍ່ລະບາຍນໍ້າ
dirisha
ໜ້າຕ່າງ
kengele ya mlangoni
ກະດິ່ງປະຕູ
gareji
ບ່ອນໄວ້ລົດ
mlango
ປະຕູ
pipa la taka
ຖັງຂີ້ເຫຍື້ອ
sanduku la barua
ກ່ອງຈົດໝາຍ
bustani
ສວນ

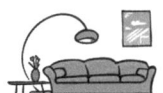

sebuleni

ຫ້ອງຮັບແຂກ

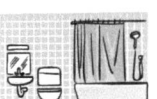

bafu

ຫ້ອງນໍ້າ

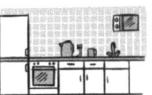

jikoni

ຫ້ອງຄົວ

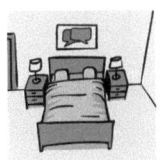

chumba cha kulala

ຫ້ອງນອນ

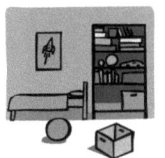

chumba ya mtoto

ຫ້ອງພັກສຳລັບເດັກນ້ອຍ

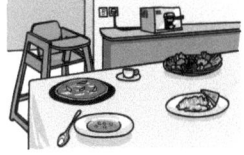

chumba cha kulia

ຫ້ອງອາຫານ

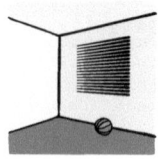

sakafu

ພື້ນ

ukuta

ຝາຜະໜັງ

dari

ເພດານ

pishi

ຫ້ອງເກັບເຄື່ອງໃຕ້ດິນ

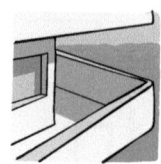

sauna

ຫ້ອງອົບອາຍນ້ຳ

roshani

ລະບຽງ

mtaro

ຂັ້ນຕາມລ້າງພູ

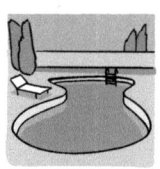

kidimbwi

ສະລອຍນ້ຳ

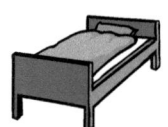

mashine ya kukata nyasi

ເຄື່ອງຕັດຫຍ້າ

karatasi

ຜ້າປູບ່ອນນອນ

kitambaa cha kupamba
kitanda

ຜ້າປູຕຽງ

kitanda

ຕຽງ

ufagio

ຟອຍ

ndoo

ຖຸ

kubadili

ສະວິດ

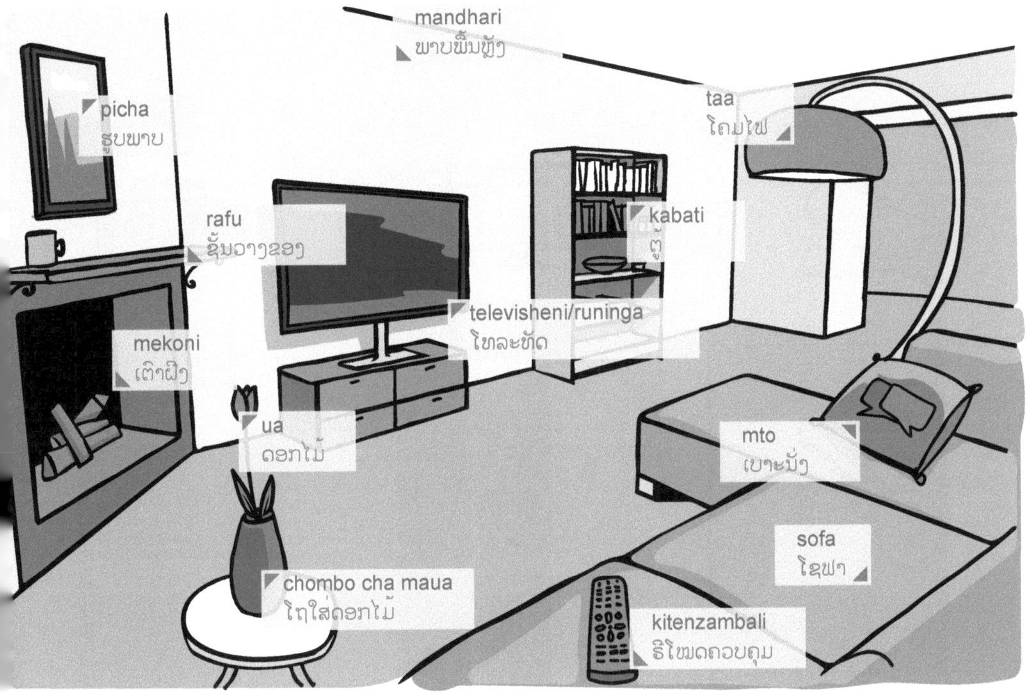

mandhari
ຜາບພື້ນຫຼັງ

taa
ໂຄມໄຟ

picha
ຮູບພາບ

rafu
ຊັ້ນວາງຂອງ

kabati
ຕູ້

mekoni
ເຕົາຜີງ

televisheni/runinga
ໂທລະທັດ

ua
ດອກໄມ້

mto
ເບາະນັ່ງ

sofa
ໂຊຟາ

chombo cha maua
ໂຖໃສ່ດອກໄມ້

kitenzambali
ຣີໂໝດຄອບຄຸມ

zulia
ພົມປູພື້ນ

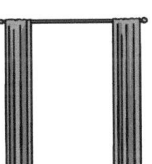

pazia
ຜ້າກັ້ງ

meza
ໂຕະ

kiti
ຕັ່ງນັ່ງ

kiti cha bembea
ຕັ່ງນັ່ງແບບໂຍກໄດ້

armchair
ຕັ່ງນັ່ງທີ່ມີບ່ອນວາງແຂນ

kitabu
ໜັງສື

blanketi
ຜ້າຫົ່ມ

mapambo
ຂອງຕົກແຕງ

kuni
ຟືນ

filamu
ຮູບເງົາ

kifaa cha hi-fi
ເຄື່ອງສຽງລະບົບໄຮໄຟ

ufunguo
ກະແຈ

gazeti
ໜັງສືພິມ

uchoraji
ການແຕ້ມຮູບ

bango
ໂປສເຕີ

redio
ວິທະຍຸ

daftari
ແผ່ນບັນທຶກ

kifyonza
ເຄື່ອງດູດຝຸ່ນ

dungusi kakati
ຕົ້ນກະບອງເພັດ

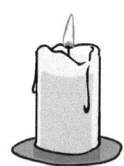

mshumaa
ທຽນໄຂ

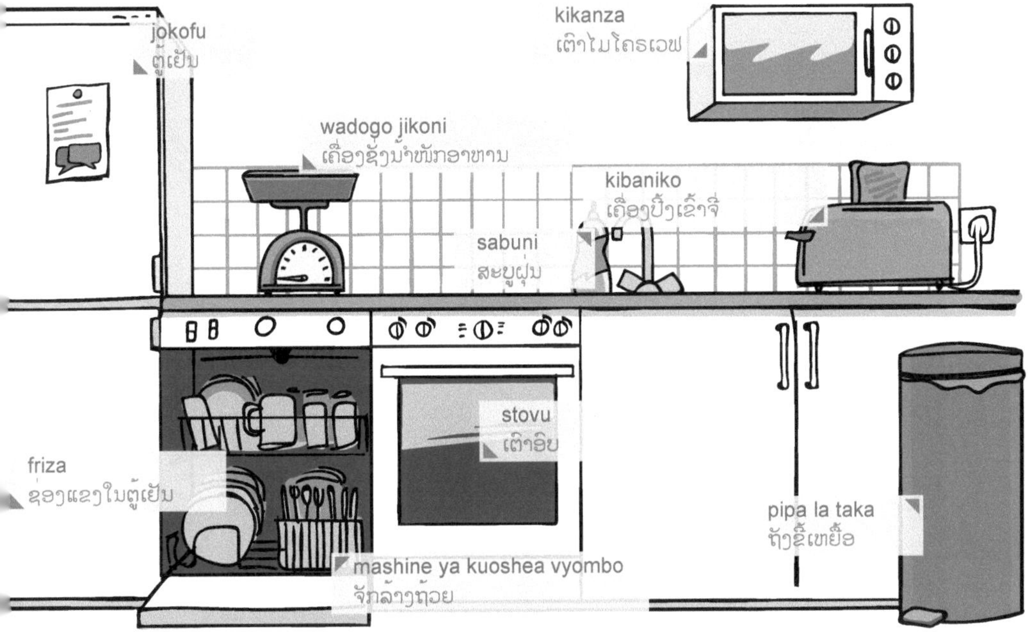

jokofu
ຕູ້ເຢັນ

kikanza
ເຕົາໄມໂຄຣເວຟ

wadogo jikoni
ເຄື່ອງຊັ່ງນ້ຳຫັກອາຫານ

kibaniko
ເຄື່ອງປິ້ງເຂົ້າຈີ່

sabuni
ສະບູຜຸ່ນ

friza
ຊ່ອງແຊ່ໃນຕູ້ເຢັນ

stovu
ເຕົາອົບ

pipa la taka
ຖັງຂີ້ເຫຍື້ອ

mashine ya kuoshea vyombo
ຈັກລ້າງຖ້ວຍ

jiko la kupika
ໝໍ້ຕົ້ມ

chungu
ໝໍ້

sufuria ya chuma
ໝໍ້ເຜົ້າກະທ້ຳ

wok / kadai
ໝໍ້ກະທະຈີມ

kaango
ໝໍ້ກະທະກົ້ນແບນ

birika
ກາຕົ້ມນ້ຳ

stima

ໝ້ໄອນ້ຳ

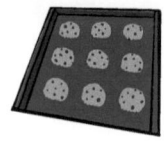

sinia ya kuoka

ຖາດອົບ

vyombo vya udongo

ເຄື່ອງຖ້ວຍຊາມ

kombe

ຈອກກາທິມ

bakuli

ຖ້ວຍ

vijiti vya kulia

ໄມ້ທູ່

ukawa

ຈອງດ້າມຍາວ

mwiko mpana

ຕະຫຼິວ

burashi

ເຄື່ອງຕີໄຂ່

kichujio

ກະຊອນ

chujio

ເຄື່ອງຊອນ

mbuzi

ເຜັກຂູດ

chokaa

ຄົກ

barbeque

ບາບີຄິວ

moto wazi

ແຄມໄຟຟ້າງອອນ

ubao wa majaribio

ຂຽງ

kijiti cha kusukuma unga

ໄມ້ນວດແປ້ງ

kizibuo

ເຫຼັກໄຂຄອນແກ້ວ

kopo

ກະປ໋ອງ

inaweza kopo

ເຄື່ອງເປີດກະປ໋ອງ

kishikio cha chungu

ຖົງມືຈັບຂອງຮ້ອນ

karo

ອ່າງລ້າງຈານ

brashi

ແປງ

sifongo

ຟອງນ້ຳ

kisagaji matunda

ເຄື່ອງປັ່ນ

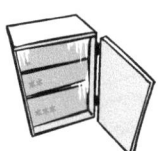

friji ya kina

ຕູ້ແຊ່ແຂງ

chupa ya mtoto

ຂວດນົມ

bomba

ກ໊ອກນ້ຳ

bafu

ຫ້ອງນ້ຳ

joto
ເຄື່ອງທຳຄວາມຮ້ອນ
mfereji wa kuogea
ຝັກບົວ
taulo
ຜ້າເຊັດໂຕ
pazia la kuogea
ຜ້າກັ້ງຫ້ອງນ້ຳ
maji ya kuoga yenye povu
ສະບູທຳຟອງ
hodhi
ອ່າງອາບນ້ຳ
glasi
ຈອກແກ້ວ
mashine ya kuosha
ຈັກຊັກຜ້າ
bomba
ກ໊ອກນ້ຳ
vigae
ກະເບື້ອງ
poti
ງ້ງຍ່ຽວ
karo
ອ່າງລ້າງຈານ

choo
ຫ້ອງສ້ວມ

choo cha squat
ໂຖສ້ວມແບບນັ່ງຍອງ

beseni la mviringo
ໂຖຍ່ຽວຂອງຜູ້ຍິງ

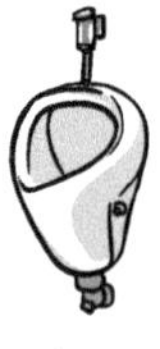

choo cha umma
ໂຖຍ່ຽວຂອງຜູ້ຊາຍ

shashi
ກະດາດຊຳລະທີ່ໃຊ້ໃນຫ້ອງນ້ຳ

brashi ya choo
ແປງຂັດຫ້ອງນ້ຳ

mswaki

ແປງສີຟັນ

dawa ya meno

ຢາສີຟັນ

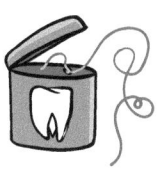

dawa ya meno

ໄໝຂັດແຂ້ວ

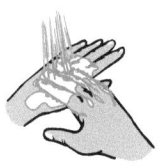

safisha

ລ້າງ

kuoga mkono

ຝັກບົ່ວອາບນ້ຳທີ່ໃຊ້ມືຈັບ

msukumo wa maji

ເຄື່ອງສິດລ້າງ

bonde

ອ່າງລ້າງໜ້າ

mpako wa pili

ແປງຖູຫົວ

sabuni

ສະບູ

jeli ya kuogea

ເຈລອາບນ້ຳ

shampuu

ແຊມພູ

flana

ຜ້າຖູໂຕມ້ວຍ

toa maji

ທຳລະບາຍນ້ຳເສຍ

krimu

ຄີມ

kiondoa harufu

ຢາດັບກິ່ນ

kioo

ແອ່ນແຢງ

kioo mkono

ແອ່ນມືຖື

kinyozi

ມີດແຖຫນວດ

povu la kunyoa

ໂຟມແຖຫນວດ

baada ya kunyoa

ໂລຊັ່ນບຳລຸຜິວຫຍັງແຖຫນວດ

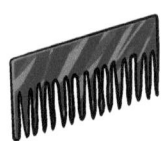

kichana

ຫວີ

brashi

ແປງ

kikausha nywele

ຈັກເປົ່າຜົມ

marashi ya nyewele

ສະເປຊິດຜົມ

vipodozi

ຊຸດເຄື່ອງສຳອາງ

kidomwa

ລິບສະຕິກທາສົບ

varnish ya msumari

ນ້ຳຢາທາເລັບ

pamba

ສຳລີ

mkasi wa kucha

ມີດຕັດເລັບ

manukato

ນ້ຳຫອມ

mkoba wa kuosha

ກະເປົ໋າອາບນ້ຳ

kinyesi

ຕັ່ງສາມຂາ

mizani

ເຄື່ອງຊັ່ງນ້ຳໜັກ

nguo ya kuoga

ເສື້ອຄຸມອາບນ້ຳ

glavu za mpira

ຖົງມືຢາງ

kisodo

ຜ້າອະນາໄມແບບສອດ

sodo

ຜ້າອະນາໄມ

kemikali choo

ຫ້ອງນ້ຳເຄມີ

chumba ya mtoto
ຫອງພັກສຳລັບເດັກນອຍ

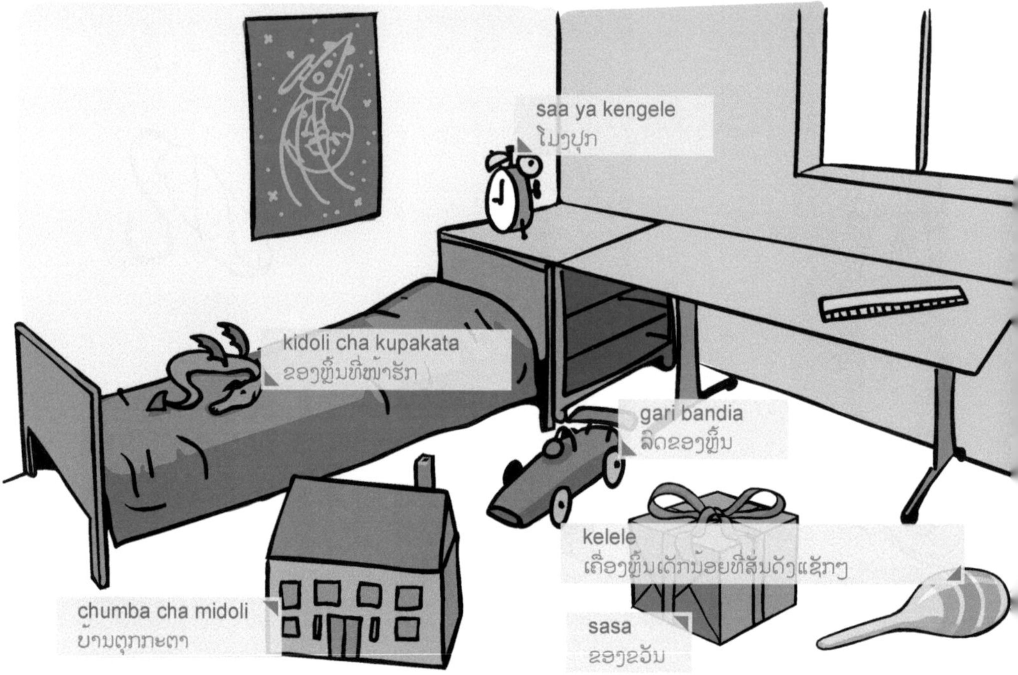
saa ya kengele
ໂມງປຸກ
kidoli cha kupakata
ຂອງຫຼິ້ນທີ່ໜ້າຮັກ
gari bandia
ລົດຂອງຫຼິ້ນ
kelele
ເຄື່ອງຫຼິ້ນເດັກນ້ອຍທີ່ສັ່ນດັງແຊັກໆ
chumba cha midoli
ບ້ານຕຸກກະຕາ
sasa
ຂອງຂວັນ

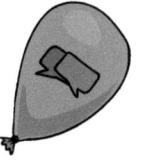

baluni

ໝາກປຸມເປົ້າ

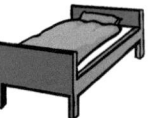

kitanda

ຕຽງ

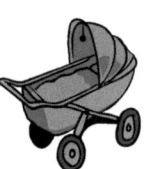

mashua

ລົດຍູ້ເດັກ

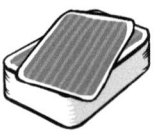

staha ya kadi

ຊຸມໄພ້

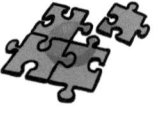

mchezo-fumb

ຈິກຊໍ

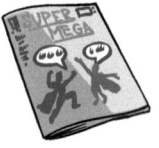

vichekesho

ໜັງສືກາຕູນ

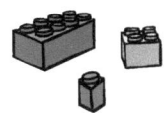

matofali lego
ຕົວຕໍ່ເລໂກ້

vitalu mwigo
ບລ໋ອກຂອງຫຼິ້ນ

hatua takwimu
ຮູບປັ້ນທີ່ເຄື່ອນໄຫວໄດ້

suti ya kulalia
ເສື້ອຜ້າເດັກເກີດໃໝ່

kisahani
ຈານບິນ

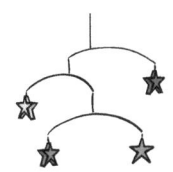

simu
ສິ່ງທີ່ແກວ່ງໄປມາແຂວນຢູ່ເທິງຫົວ
ຕຽງເດັກນ້ອຍ

ubao wa michezo
ເກມກະດານ

kete
ໝາກກະລອກ

garimoshi mwigo
ຊຸດລົດໄຟຈຳລອງ

dummy
ຮູບທຸມ

chama
ງານລ້ຽງ

picha kitabu
ໜັງສືພາບ

mpira
ໝາກບານ

kikaragosi
ຕຸກກະຕາ

kucheza
ຫຼິ້ນ

shimo la mchanga

ຂຸມດິນຊາຍສຳລັບເດັກນ້ອຍຫຼິ້ນ

bembea

ຊິງຊ້າ

vitu bandia

ຂອງຫຼິ້ນ

kiweko cha video ya mchezo

ເຄື່ອງຫຼິ້ນວິດີໂອເກມ

baiskeli ya magurudumu

ລົດຖີບສາມລໍ້

matatu

mwanasesere

ຕຸກກະຕາຫມີ

kabati

ຕູ້ເສື້ອຜ້າ

nguo

ເສື້ອຜ້າ

soksi

ລົງເທົ້າ

stokingi

ຖົງເທົ້າຍາວຜູ້ຍິງ

kibano

ໃສ້ງຍຶດແບບເບຶ້ອ

skafu
ผ้าพันถํ

ukanda
สายแออ

mwavuli
ถั่มธี่ม

fulana
เสื้อยืดคํมืม

wakufunzi
เกิบກິລາ

viatu
เกิບบูດທ໌

ndara
เกิບแตะ

malapa
เกิບຂ້າດาม

viatu
เกิບ

mabuti ya mpira
เกิບบูດທ໌ຍາๆ

suruali ya ndani
ໂສ้ງຊ້ອมใบ

sidiria
เสื้อຊ້อมใบ

fulana
เสื้อมท້າม

mwili
ເສື້ອຮັດຂຸມ

suruali
ໂສ້ງຂາຍາວ

dangirizi
ໂສ້ງຢືນ

sketi
ກະໂປ່ງ

blauzi
ເສື້ອຜູ້ຍິງ

shati
ເສື້ອເຊິດ

vuta
ເສື້ອກັນໜາວ

sweta
ເສື້ອຖຸນມີໝວກ

bleza
ເສື້ອໃໝຍທີ່ຕິດກາໂຮງຮຸບທິໍກາທິ
ມກິລາ

jaketi
ເສື້ອແຈັກເກັດ

koti
ເສື້ອນອກ

koti la mvua
ເສື້ອກັນຝົນ

maleba
ເຄື່ອງແຕ່ງກາຍ

gauni
ກະໂປ່ງ

mavazi ya harusi
ຊຸດແຕ່ງງານ

suti

ເສື້ອສູດ

vazi la usiku

ຊຸດລາຕີ

pajama

ຊຸດນອນ

sari

ຊຸດຊາຣີ

skafu

ຜ້າຄຸມຫົວ

kilemba

ຜ້າພັນຫົວ

burka

ເສື້ອບຸຣຸເຄາະ

kaftan

ເສື້ອຄຸມຄາຟຕານ

abaya

ເສື້ອຄຸມອາບາຢາ

vazi la kuogelea

ຊຸດລອຍນ້ຳ

vazi la kiume la kuogelea

ໂສ້ງໃສ່ລອຍນ້ຳ

kaptura

ໂສ້ງຂາສັ້ນ

teitei

ຊຸດອອມ

aproni

ຜ້າກັນເປື້ອນ

glavu

ຖົງມື

kifungo

ກະດຸມ

glasi

ແວ່ນຕາ

bangili

ປອກແຂນ

mkufu

ສ້ອຍຄໍ

pete

ແຫວນ

herini

ຕຸ້ມຫູ

kofia

ໝວກແກັບ

kiango cha koti

ກ້ວແຂນເສື້ອນອກ

kofia

ໝວກ

tai

ກາລະຫວັດ

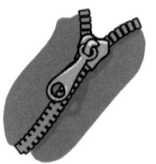

zipu

ຊິບ

kofia

ໝວກກັນກະທົບ

kanda za suruali

ສາຍໂຍງໂສ້ງ

sare za shule

ຊຸດມັດທະຍົມ

sare

ເຄື່ອງແບບ

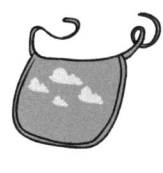

bibu

ຜ້າກັນເປື້ອນເດັກ

dummy

ຮູບຫຸ່ນ

nepi

ຜ້າອ້ອມ

ofisi

ຫ້ອງການ

seva
ເຊີບເວີ
kabati la kuweka faili
ຕູ້ເອກະສານ
kichapishaji
ເຄື່ອງພິມ
karatasi
ເຈ້ຍ
kiwambo
ຈໍພາບ
kipanya
ເມົ້າ
dawati
ໂຕະເຮັດວຽກ
folda
ແຟ້ມເອກະສານ
kibodi
ແປ້ນພິມ
cha kuweka karatasi chafu
ສເສດເຈ້ຍ
kiti
ຕັ່ງນັ່ງ
kompyuta
ຄອມພິວເຕີ

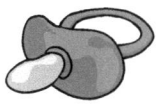

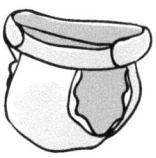

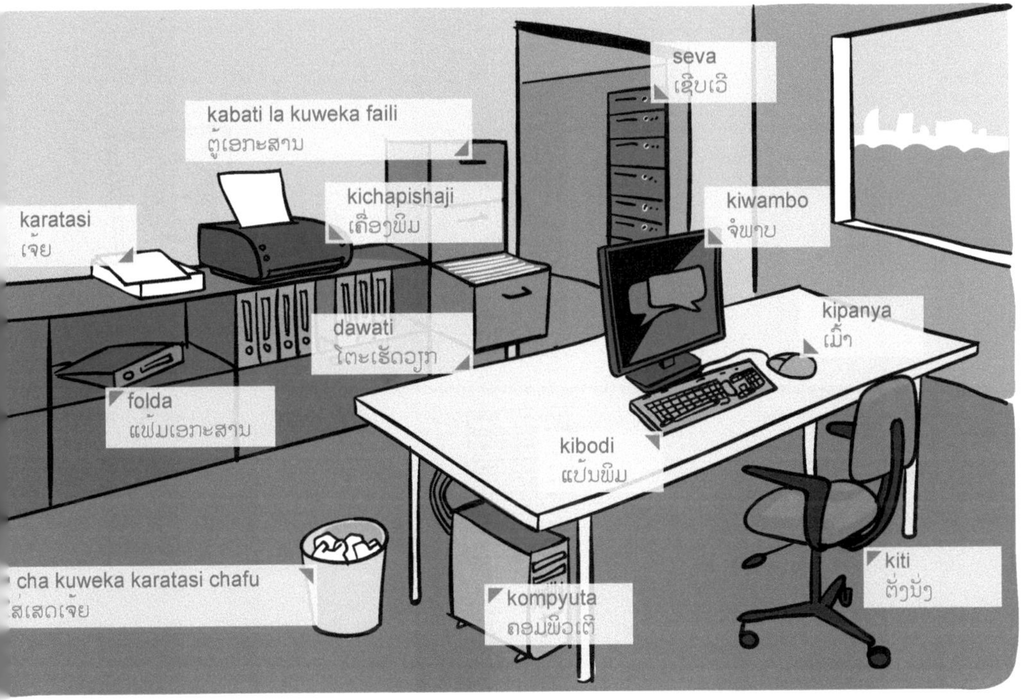

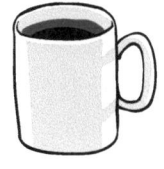

kmobe la kahawa

ຈອກທິບໃສ່ກາເຟ

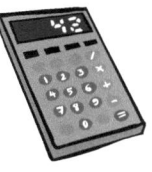

kikokotoo

ເຄື່ອງຄິດເລກ

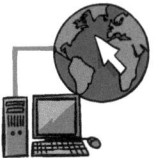

biashara

ອິນເຕີເນັດ

mbali

ຄອມພີວເຕີແລັບທ້ອບ

barua

ຈົດໝາຍ

ujumbe

ຂໍ້ຄວາມ

rununu

ໂທລະສັບມືຖື

intaneti

ເຄືອຂ່າຍ

fotokopia

ເຄື່ອງຖ່າຍເອກະສານ

programu

ຊອບແວ

simu

ໂທລະສັບ

soketi

ປັກໄຟ

kipepesi

ເຄື່ອງແຟັກ

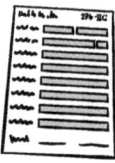

fomu

ແບບຟອມ

hati

ເອກະສານ

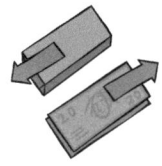

kununua

ຊື້

kulipa

ຈ່າຍ

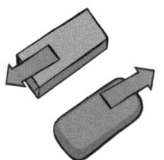

biashara

ຄ້າຂາຍ

fedha

ເງິນ

dola

ເງິນດອນລາ

yuro

ເງິນຢູໂຣ

yeni

ເງິນເຢນ

rouble

ເງິນຣູເບິ່ລ

faranga ya Uswisi

ເງິນຝຣັ່ງສະວິດ

renminbi yuan

ເງິນຢວນເຣິນໜິບປີ້

rupia

ເງິນຣູປີ

eneo la kulipia

ເຄື່ອງສຳລັບກົດເງິນສົດຈາກທະນາຄານ

ofisi ya ubadilishanaji

ຫ້ອງແລກປ່ຽນເງິນຕາ

dhahabu

ທອງຄຳ

fedha

ເງິນ

mafuta

ນ້ຳມັນ

nishati

ພະລັງງານ

bei

ລາຄາ

mkataba

ສັນຍາ

kodi

ພາສີ

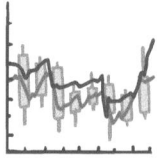

bidhaa

ຫຸ້ນ

kazi

ເຮັດວຽກ

mfanyakazi

ລູກຈ້າງ

mwajiri

ນາຍຈ້າງ

kiwanda

ໂຮງງານ

duka

ຮ້ານຄ້າ

kazi
ອາຊີບ

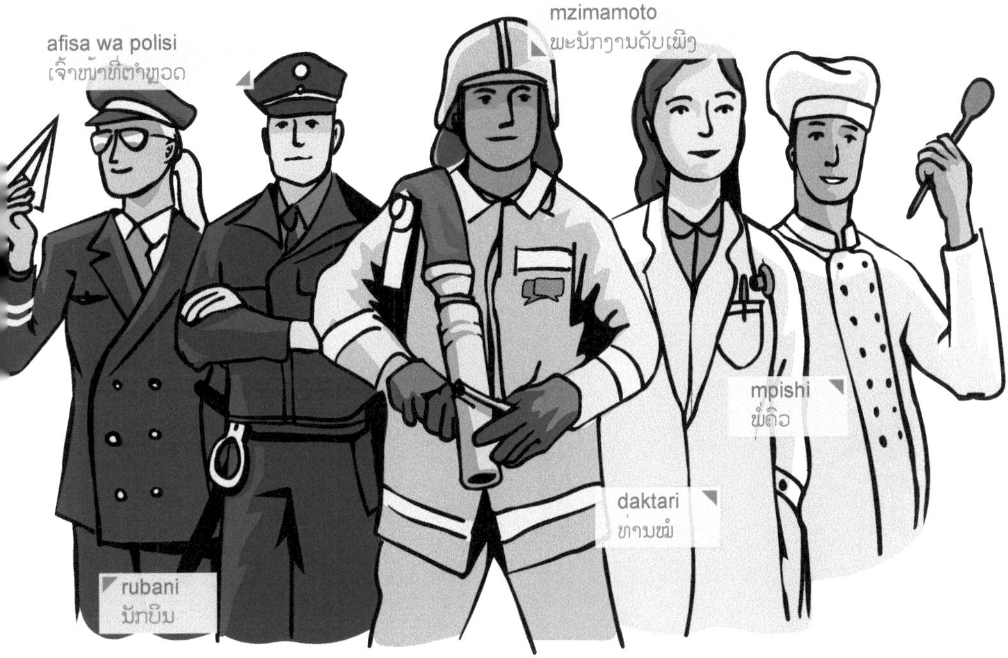
mzimamoto
ພະນັກງານດັບເພີງ
afisa wa polisi
ເຈົ້າໜ້າທີ່ຕຳຫຼວດ
mpishi
ພໍ່ຄົວ
daktari
ທ່ານໝໍ
rubani
ນັກບິນ

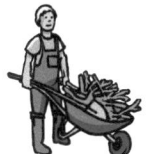

mtunza bustani

ຊາວສວນ

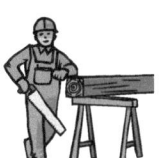

seremala

ຊ່າງໄມ້

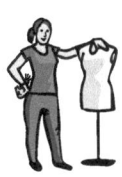

mshonaji

ຊ່າງຫຍິບຜ້າທີ່ເປັນຜູ້ຍິງ

hakimu

ຜູ້ພິພາກສາ

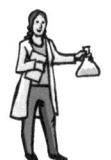

mwanakemia

ນັກເຄມີ

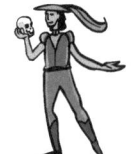

muigizaji

ນັກສະແດງຊາຍ

dereva wa basi

ຄົນຂັບລົດເມປະຈຳທາງ

dereva wa teksi

ຄົນຂັບແທັກຊີ

mvuvi

ຊາວປະມົງ

mwanamke wa kusafisha

ແມ່ບ້ານທຳຄວາມສະອາດ

mwezekaji

ຊ່າງມຸງຫຼັງຄາ

mhudumu

ຄົນເສີບຊາຍ

mwindaji

ນາຍພານ

mchoraji

ຊ່າງທາສີ

mwokaji

ຄົນເຮັດເຂົ້າໜົມປັ້ງ

umeme

ຊ່າງໄຟຟ້າ

mjenzi

ຊ່າງກໍ່ສ້າງ

mhandisi

ວິສະວິກອນ

mchinjaji

ຄົນຂາຍຊີ້ນ

fundi bomba

ຊ່າງນ້ຳປະປາ

mwanaposta

ບູລຸດໄປສະນີ

mwanajeshi

ທະຫານ

msanifu majengo

ສະຖາປະນິກ

keshia

ພະນັກງານເກັບເງິນ

muuza maua

ຄົນຂາຍດອກໄມ້

msusi

ຊ່າງແຕ່ງຜົມ

kondakta

ພະນັກງານກວດປີ້ລົດ

mekanika

ຊ່າງສ້ອມລົດຍົນ

nahodha

ຜູ້ບັງຄັບການ

daktari wa meno

ໝໍປົວແຂ້ວ

mwanasayansi

ນັກວິທະຍາສາດ

rabbi

ພະໃບສາສະໜາຢິວ

imamu

ຜູ້ນຳຂາວມຸສລິມ

mtawa

ລູບາ

kasisi

ນັກບວດ

zana
ເຄື່ອງມື

nyundo
ຄ້ອນຕີ
koleo
ຄີມ
bisibisi
ເຫຼັກໄຂຄວງ
spana
ຄີມປາກຕາຍ
kurunzi
ໄຟສາຍ

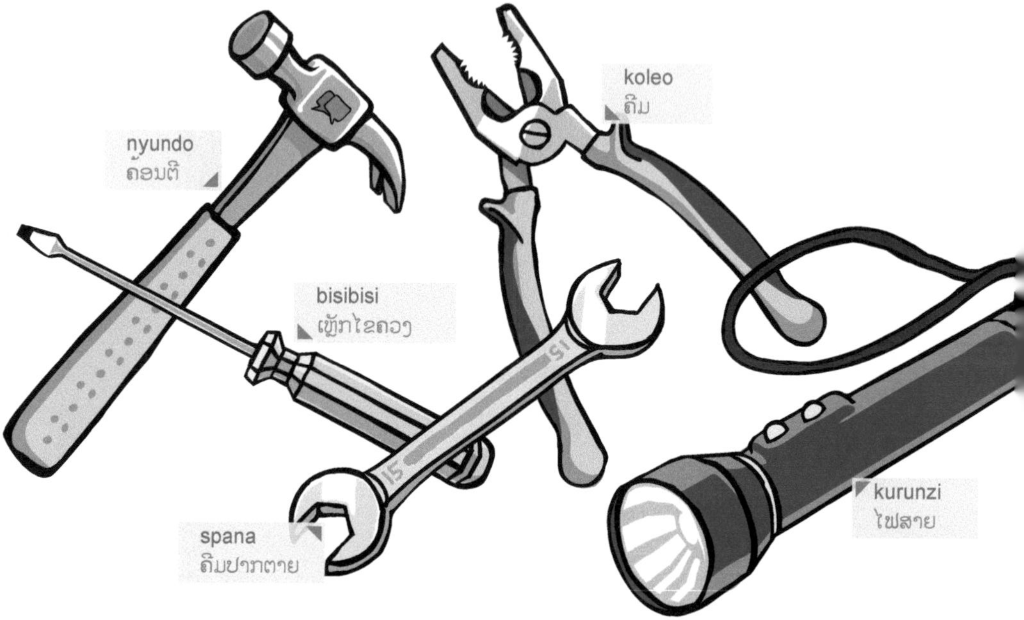

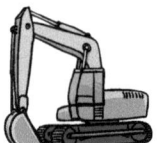

mchimbaji

ເຄື່ອງຂູດ

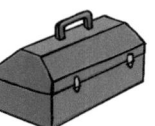

sanduku la vifaa

ກັບເຄື່ອງມື

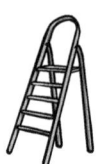

ngazi

ຂັ້ນໄດ

msumeno

ເລື່ອຍ

misumari

ຕະປູ

kuchimba visima

ເຫຼັກຊີ

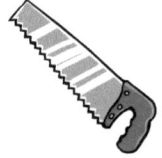

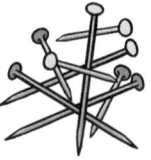

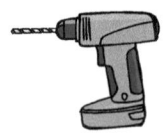

kukarabati

ສ້ອມແປງ

sepetu

ຊ້ວານ

Lo!

ຕາຍຫາ!

kishikio cha uchafu

ຂອງຊ້ວານຂີ້ເຫຍື້ອ

chungu cha rangi

ຖັງສີ

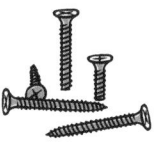

skurubu

ຕະປູກ້ຽວ

ala za muziki
ເຄື່ອງດົນຕີ

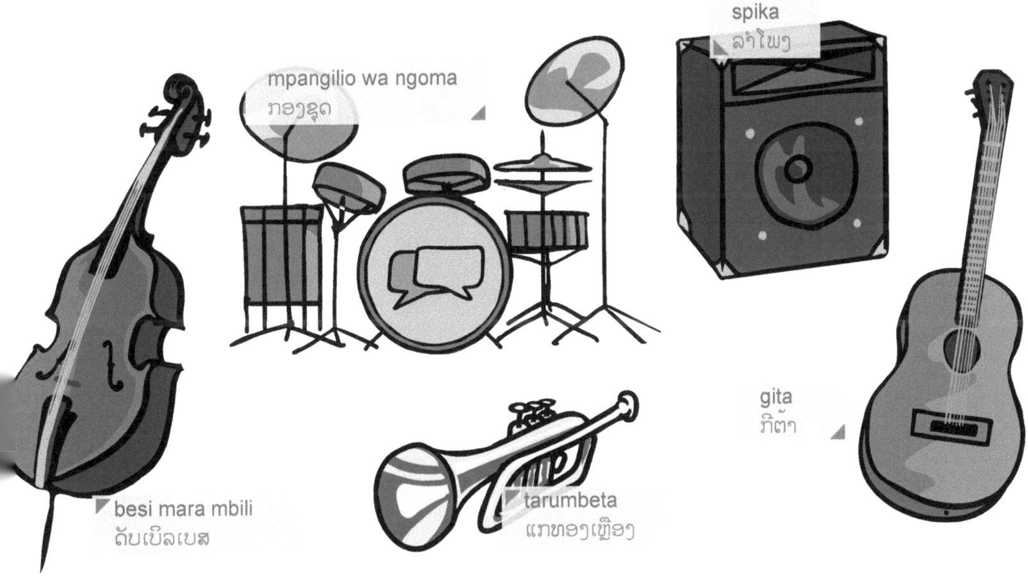

spika
ລຳໂພງ

mpangilio wa ngoma
ກອງຊຸດ

gita
ກີ້ຕາ

besi mara mbili
ດັບເບິລເບສ

tarumbeta
ແກທອງງເຫຼືອງ

piano

ເປຍໂນ

fidla

ໄວໂອລິນ

ubeji

ເບສ

timpani

ກອງທິມປານິ

ngoma

ກອງຊຸດ

kibodi

ຄິບອດ

saksafoni

ແຊ໊ກໂຊໂຟນ

filimbi

ຂຸ່ຍ

maikrofoni

ໄມໂຄຣໂຟນ

bustani ya wanyama
ສວນສັດ

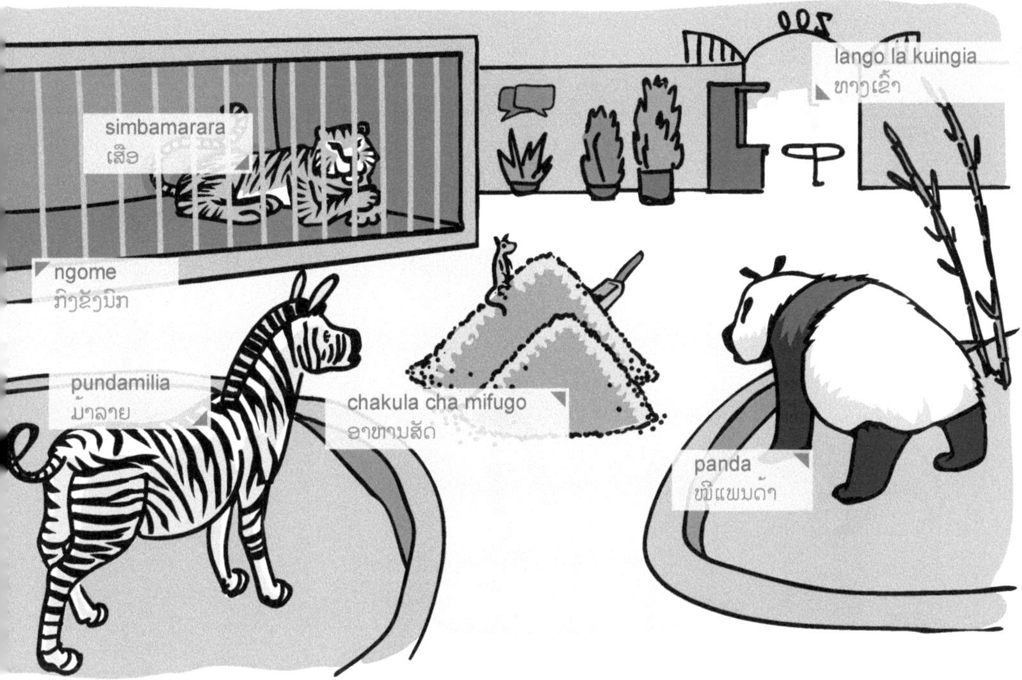

simbamarara
ເສືອ
ngome
ກົງຂັງນົກ
pundamilia
ມ້າລາຍ
chakula cha mifugo
ອາຫານສັດ
lango la kuingia
ທາງເຂົ້າ
panda
ໝີແພນດ້າ

wanyama
ສັດ

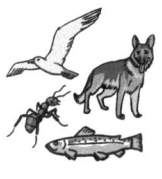

tembo
ຊ້າງ

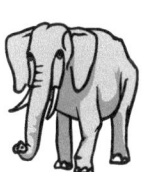

kangaruu
ກັງກາຣູ

kifaru
ແຮດ

sokwe
ລິງໂຫນໃຫຍ່

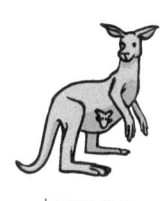

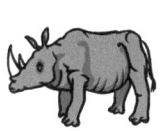

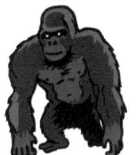

dubu
ໝີ

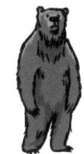

ngamia

ອູດ

mbuni

ນົກກະຈອກເທດ

simba

ສິງໂຕ

tumbili

ລິງ

heroe

ນົກຟລາມິງໂກ

kasuku

ນົກແກວ

dubu

ໝີຂົ້ວໂລກ

penguini

ນົກເພັນກວິນ

papa

ປາສະຫຼາມ

tausi

ນົກຍູງ

nyoka

ງູ

mamba

ແຂ້

mtunza wanyama

ຜູ້ເບິ່ງແຍງສວນສັດ

muhuri

ແມວນ້ຳ

jaguar

ເສືອຈາກົວ

mwanafarasi

ມ້າພັນນ້ອຍ

chui

ເສືອດາວ

kiboko

ຮິບໂປ

twiga

ໂຕຈິຣາຟ

tai

ໜູ່ງ

nguruwe mwitu

ໝູປ່າຕົວຜູ້

samaki

ປາ

kobe

ເຕົ່າ

sili

ຊ້າງນ້ຳ

mbweha

ໝາຈອກ

paa

ກວາງນ້ອຍ

soka ya marekani
ອາເມລິກັນຟຸດບອນ

uendeshaji baiskeli
ຂີ່ລົດຖີບ

tenisi
ກິລາເທນນິສ

mpira wa kikapu
ບັສເກັດບອລ

kuogelea
ກິລາລອຍນ້ຳ

ndondi
ຊົກມວຍ

magongo ya barafuni
ກິລາຕິດຄືດເດີມນ້ຳແຂງ

soka
ກິລາເຕະບານ

vinyoya
ກິລາຕິດອກປີກໄກ່

riadha
ກິລາປະເພດ ແລ່ນ
ເຕັ້ນແລະແກວ່ງ

mpira wa mikono
ແຮມບອລ

skii
ກິລາສະກີ້

polo
ກິລາໂປໂລນ້ຳ

shughuli
ກິດຈະກຳ

kuruka
ໂດດ
kumbatia
ກອດ
cheka
ຫົວ
kutembea
ຍ່າງ
kuimba
ຮ້ອງເພງ
ota ndoto
ຝັນ
kuomba
ໄຫວ້ພະ / ສວດມົນ
busu
ຈູບ

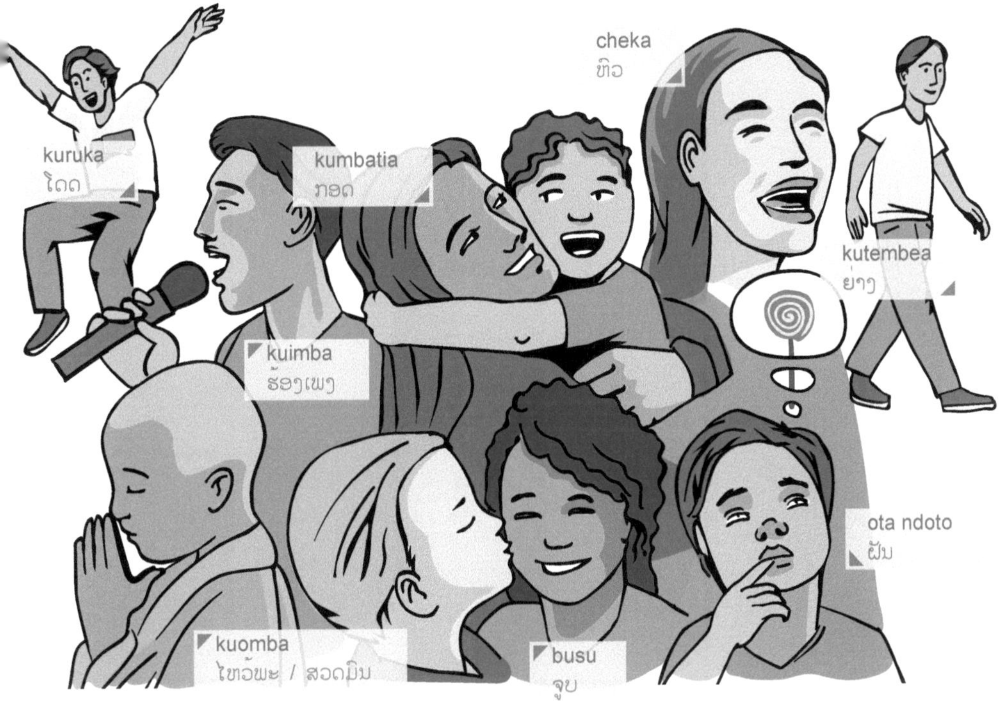

kuandika
ຂຽນ

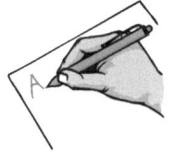

kuteka
ແຕ້ມ

angalia
ສະແດງ

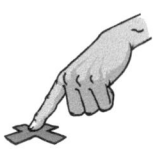

sukuma
ຍູ້

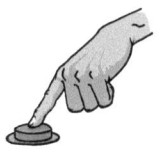

kutoa
ໃຫ້

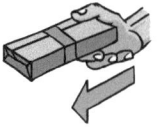

kuchukua
ເອົາໄປ

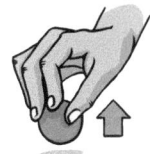

kuwa
ມີ

fanya
ເຮັດ

kuwa
ເປັນ

kusimama
ຢືນ

kukimbia
ແລ່ນ

vuta
ດຶງ

kutupa
ໂຍນ

kuanguka
ລົ້ມ

hadaa
ນອນຢຽດ

kusubiri
ລໍຖ້າ

kubeba
ຖື

kukaa
ນັ່ງ

vaa nguo
ແຕ່ງຕົວ

usingizi
ນອນຫຼັບ

kuamka
ຕື່ນນອນ

kuangalia

ເບິ່ງ

lia

ຮ້ອງໄຫ້

kiharusi

ລູບ

chana nywele

ຫວີຜົມ

ongea

ລົມ

kuelewa

ເຂົ້າໃຈ

kuuliza

ຄຳຖາມ

kusikiliza

ຟັງ

kunywa

ດື່ມ

kula

ກິນ

nadhifisha

ຈັດໃຫ້ເປັນລະບຽບ

upendo

ຮັກ

mpishi

ຄົວກິນ

gari

ຮັບລົດ

kuruka

ບິນ

meli

ແລ່ນເຮືອ

kokotoa

ຄິດໄລ່

kusoma

ອ່ານ

kujifunza

ຮຽນຮູ້

kazi

ເຮັດວຽກ

kuoa

ແຕ່ງງານ

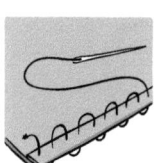

kushona

ຫຍິບ

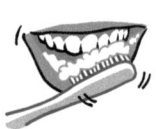

piga mswaki

ແປງຟັນ

kuua

ຂ້າ

moshi

ສູບຢາ

kutuma

ສົ່ງ

familia
ຄອບຄົວ

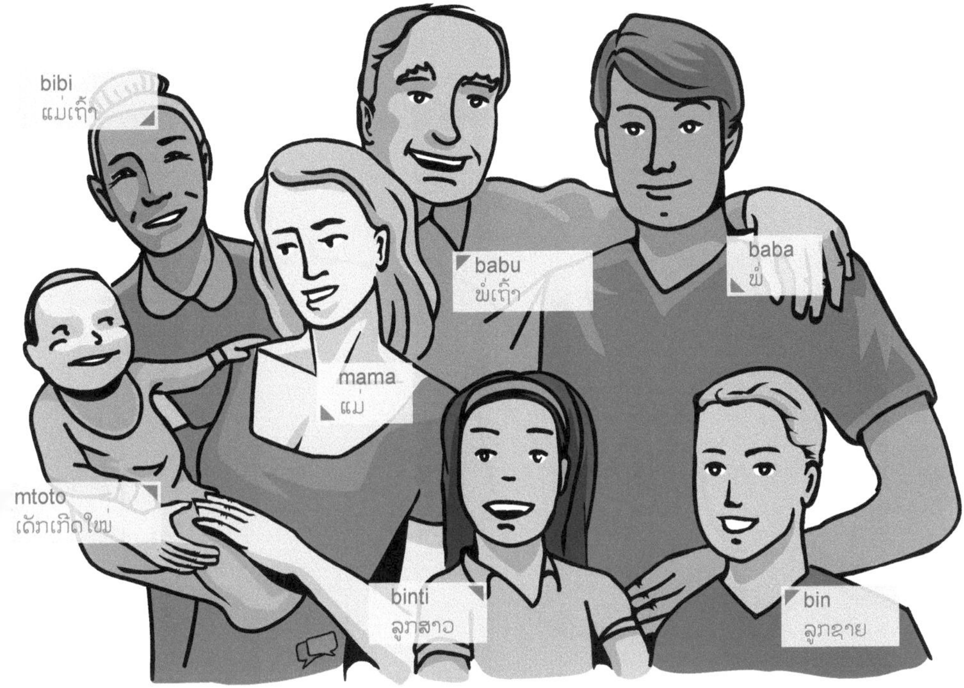
bibi
ແມ່ເຖົ້າ
babu
ພໍ່ເຖົ້າ
baba
ພໍ່
mama
ແມ່
mtoto
ເດັກເກີດໃໝ່
binti
ລູກສາວ
bin
ລູກຊາຍ

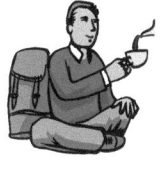

mgeni

ແຂກ

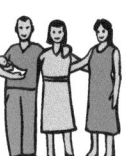

shangazi

ປ້າ

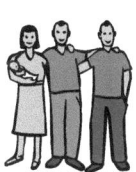

mjomba

ລຸງ

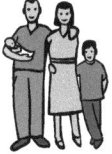

kaka

ອ້າຍນ້ອງ

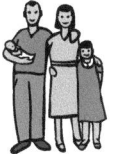

dada

ເອື້ອຍນ້ອງ

mwili

ຮ່າງກາຍ

paji la uso
ໜ້າຜາກ
jicho
ຕາ
bega
ບ່າໄຫຼ່
kidole
ນິ້ວມື
uso
ໃບໜ້າ
kidevu
ຄາງ
mkono
ມື
matiti
ໜ້າເອິກ
mguu
ຂາ
mkono
ແຂນ

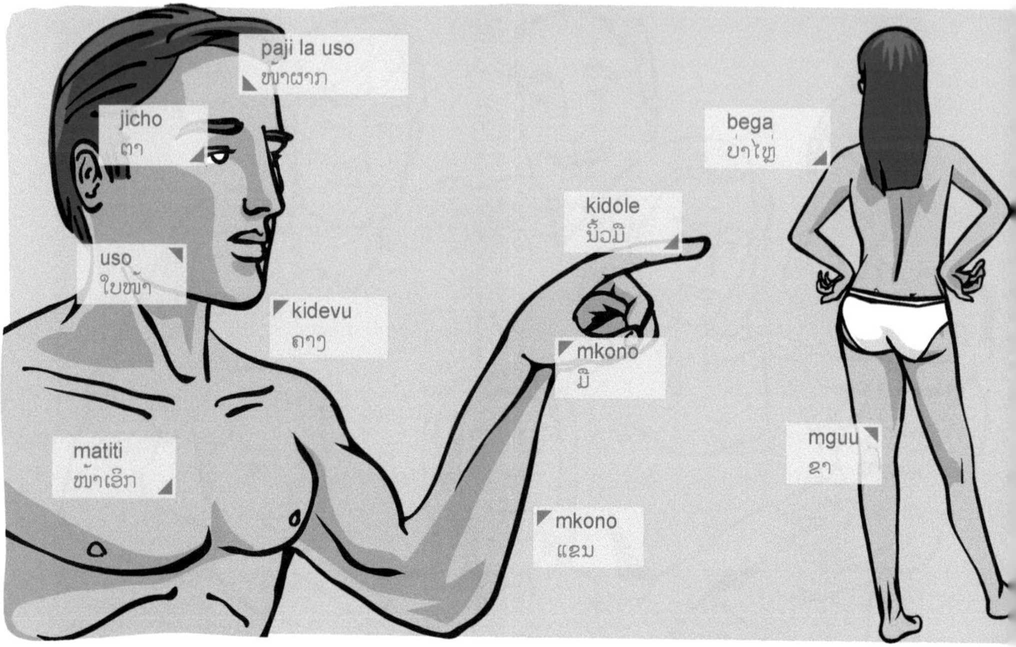

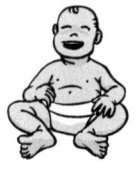

mtoto

ເດັກເກີດໃໝ່

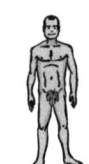

mwanamume

ຜູ້ຊາຍ

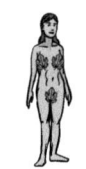

mwanamke

ຜູ້ຍິງ

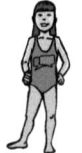

msichana

ເດັກຍິງ

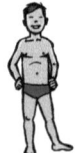

mvulana

ເດັກຊາຍ

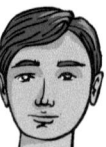

kichwa

ຫົວ

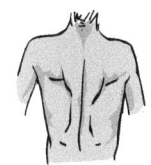

nyuma

ຫັ້ງ

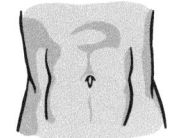

tumbo

ທ້ອງ

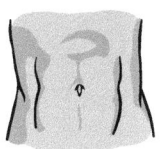

kitovu

ສະບື

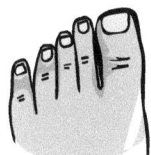

chano

ນິ້ວຕິນ

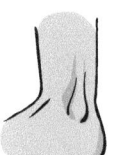

kisigino

ສົ້ນຕິນ

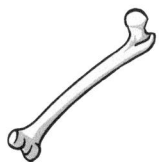

mfupa

ກະດູກ

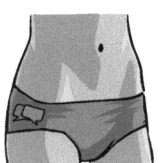

nyonga

ກະໂພກ

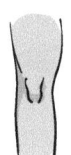

goti

ຫົວເຂົ່າ

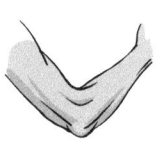

kiwiko

ແຂນສອກ

pua

ດັງ

chini

ກົ້ນ

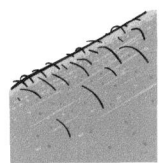

ngozi

ຜິວໜັງ

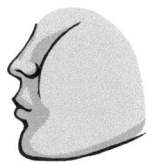

shavu

ແກ້ມ

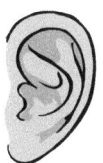

sikio

ຫູ

mdomo

ຮິມສົບ

kinywa

ປາກ

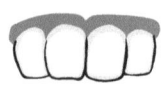

jino

ແຂ້ວ

ulimi

ລີ້ນ

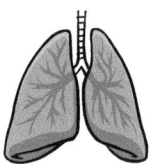

ubongo

ສະໝອງ

moyo

ຫົວໃຈ

misuli

ກ້າມເນື້ອ

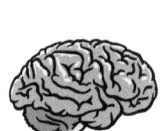

pafu

ປອດ

ini

ຕັບ

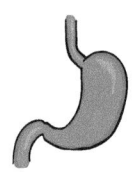

tumbo

ກະເພາະ

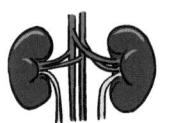

figo

ໄຕ

jinsia

ເພດສຳພັນ

kondomu

ຖົງຢາງອະນາໄມ

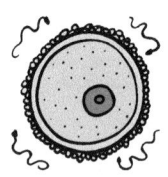

ovari

ເຊລສືບພັນ

shahawa

ນ້ຳອະສຸຈິ

mimba

ການຖືພາ

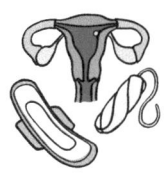

hedhi

ปะจำเดือน

uke

ຊ່ອງຄອດ

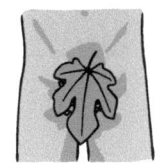

uume

ອະໄວຍະວະເພດຊາຍ

unyusi

ຄິ້ວ

nywele

ເສັ້ນຜົມ

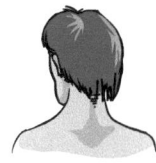

shingo

ຄໍ

hospitali
ໂຮງໝໍ

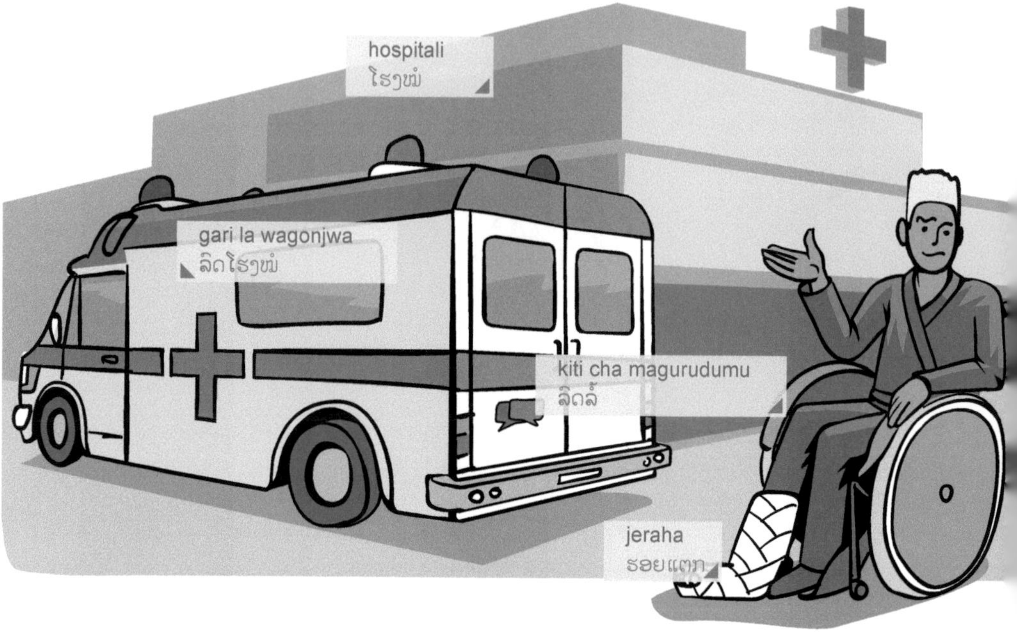

hospitali
ໂຮງໝໍ
gari la wagonjwa
ລົດໂຮງໝໍ
kiti cha magurudumu
ລົດລໍ້
jeraha
ຮອຍແຕກ

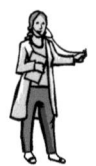

daktari

ທ່ານໝໍ

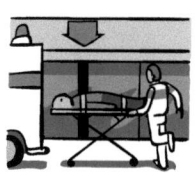

chumba cha dharura

ຫ້ອງສຸກເສີນ

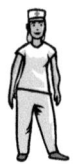

muuguzi

ພະຍາບານ

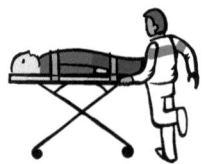

dharura

ສຸກເສີນ

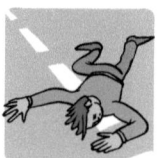

kupoteza fahamu

ໝົດສະຕິ

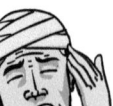

maumivu

ອາການເຈັບປວດ

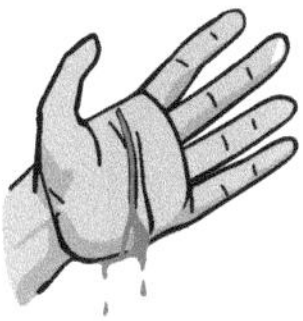

kuumia

ການບາດເຈັບ

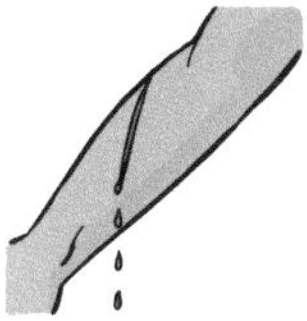

kutokwa na damu

ເລືອດໄຫຼ

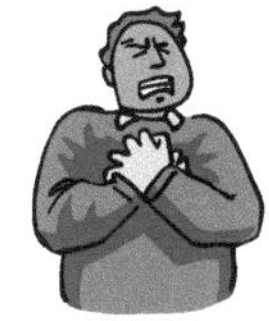

mshtuko wa moyo

ຫົວໃຈວາຍ

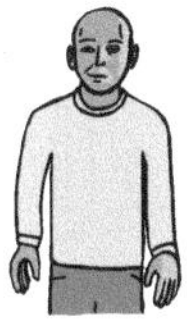

kiharusi

ໂຣກຫຼອດເລືອດໃນສະໝອງ

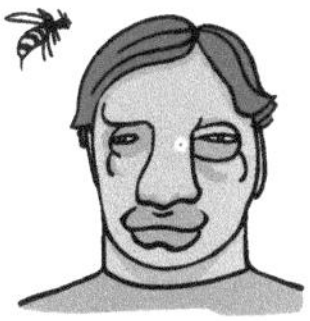

mzio

ອາການແພ້

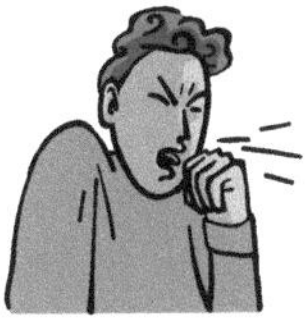

kikohozi

ໄອ

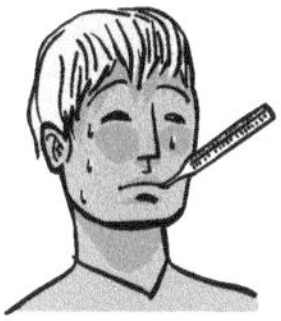

homa

ໄຂ້

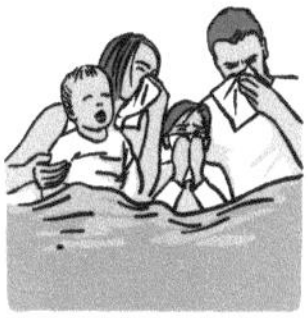

mafua

ໄຂ້ຫວັດ

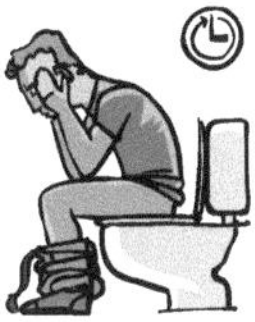

kuharisha

ຖອກທ້ອງ

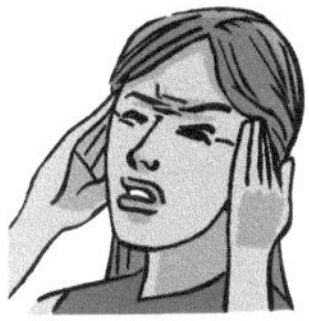

maumivu ya kichwa

ເຈັບຫົວ

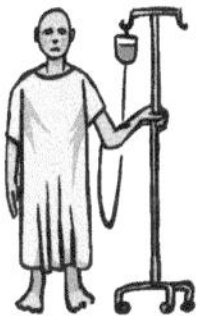

kansa

ໂຣກມະເລງ

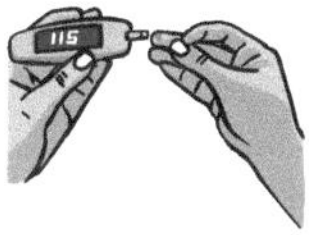

ugonjwa wa kisukari

ພະຍາດເບົາຫວານ

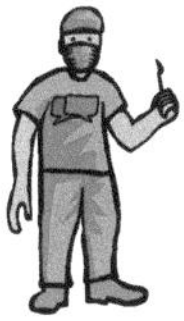

daktari mpasuaji

ໝໍຜ່າຕັດ

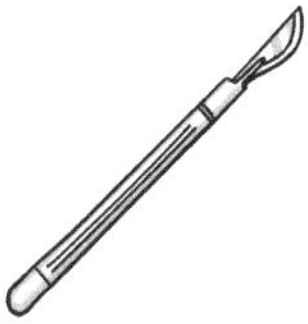

kisu kidogo cha kupasulia

ມີດຜ່າຕັດ

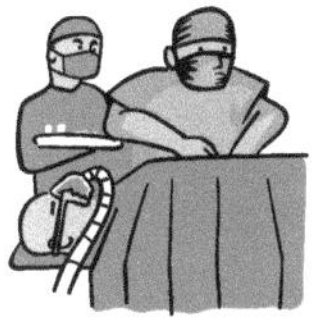

operesheni

ການຜ່າຕັດ

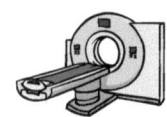

picha changanufu ya mwili

ເຄື່ອງເອັກເຣ່ໂຣຄອມພິວເຕີ

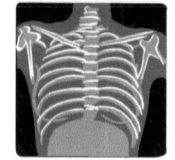

Eksrei

ເອັກຊ-ເຣ

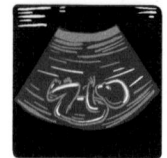

mawimbi sauti

ອູລຕຣາຊາວ (ultrasound)

barakoa ya uso

ໜ້າກາກອະນາໄມ

ugonjwa

ພະຍາດ

chumba cha kusubiri

ຫ້ອງລໍຖ້າ

mkongojo

ໄມ້ຄ້າຂ້ແຮ້

plasta

ຜ້າຍາງຕິດບາດ

bendeji

ຜ້າພັນແຜ

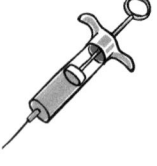

sindano

ສັກຢາ

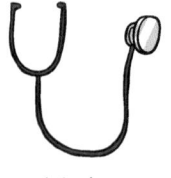

stetoskopu

ເຄື່ອງຟັງປອດຫຼືທົ່ວໃຈ

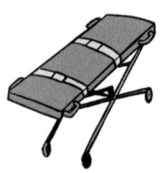

machela

ເປຫາມຄົນເຈັບ

kipimajoto cha kliniki

ບາຫຼອດວັດໄຂ້

kuzaliwa

ການເກີດ

unene kupita kiasi

ນ້ຳໜັກເກີນ

kusikia misaada

ເຄື່ອງຊ່ວຍຟັງ

kipukusi

ນ້ຳຍາຂ້າເຊື້ອ

maambukizi

ການຕິດເຊື້ອ

virusi

ເຊື້ອໄວຣັສ

VVU / UKIMWI

HIV / ເອດສ໌

dawa

ຢາ

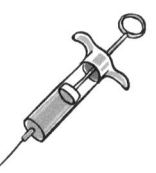

chanjo

ການສັກວັກຊິນ

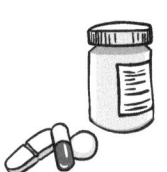

vidonge

ຢາເມັດ

kidonge

ຢາເມັດ

simu ya dharura

ໂທລະສັບສຸກເສີນ

haemodainamometa

ເຄື່ອງວັດຄວາມດັນເລືອດ

mgonjwa / mwenye afya

ໄຂ້ / ສຸຂະພາບດີ

Msaada!

ຊ່ວຍດ້ວຍ!

kengele

ສັນຍານເຕືອນໄພ

pigo

ການທຳຮ້າຍຮ່າງກາຍ

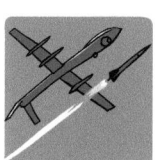

shambulizi

ການໂຈມຕີ

hatari

ອັນຕະລາຍ

lango la dharura

ທາງອອກສຸກເສີນ

Moto!

ໄຟໄໝ້!

kizima moto

ບັ້ງດັບເພີງ

ajali

ອຸປະຕິເຫດ

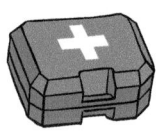

vifaa vya huduma ya kwanza

ຊຸດປະຖົມພະຍາບານຂັ້ນຕົ້ນ

wito wa msaada

ສັນຍານຂໍຄວາມຊ່ວຍເຫຼືອ

polisi

ຕຳຫຼວດ

Ulaya

ເອີຣົບ

Amerika ya Kaskazini

ອາເມລິກາເໜືອ

Amerika ya Kusini

ອາເມລິກາໃຕ້

Afrika

ອາຟຣິກາ

Asia

ເອເຊຍ

Australia

ອອສເຕຣເລຍ

Atlantiki

ແອດແລນຕິກ

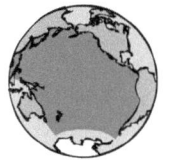

Pasifiki

ປາຊິຟິກ

Bahari ya Hindi

ມະຫາສະໝຸດອິນເດຍ

Bahari ya Antaktiki

ມະຫາສະໝຸດແອນຕາຣຕິກ

Bahari ya Aktiki

ມະຫາສະໝຸດອາກຕິກ

Ncha ya Kaskazini

ຂົ້ວໂລກເໜືອ

Ncha ya Kusini

ຂົ້ວໂລກໃຕ້

Antaktika

ແອນຕາຣຕິກາ

dunia

ໂລກ

nchi

ດິນ

bahari

ທະເລ

kisiwa

ເກາະ

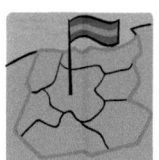

taifa

ຊາດ / ປະເທດຊາດ

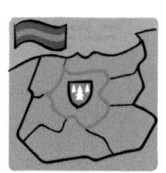

jimbo

ລັດ

uso wa saa

ໜ້າປັດໂມງ

akrabu ya saa

ເຂັມໂມງ

akrabu ya dakika

ເຂັມນາທີ

akrabu ya sekunde

ເຂັມວິນາທີ

Ni saa ngapi?

ຈັກໂມງແລ້ວ?

siku

ວັນ

wakati

ເວລາ

sasa

ຕອນນີ້

saa ya dijitali

ໂມງດີຈິຕອລ

dakika

ນາທີ

saa

ຊົ່ວໂມງ

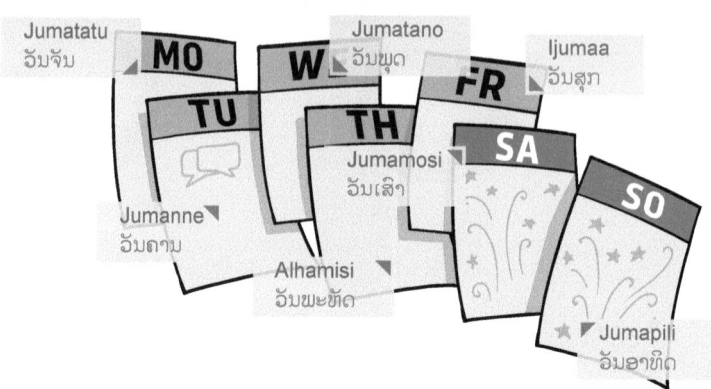

Jumatatu
ວັນຈັນ

Jumatano
ວັນພຸດ

Ijumaa
ວັນສຸກ

Jumanne
ວັນຄານ

Jumamosi
ວັນເສົາ

Alhamisi
ວັນພະຫັດ

Jumapili
ວັນອາທິດ

jana

ມື້ວານນີ້

leo

ມື້ນີ້

kesho

ມື້ອື່ນ

asubuhi

ຕອນເຊົ້າ

saa sita mchana

ຕອນທ່ຽງ

jioni

ຕອນແລງ

MO	TU	WE	TH	FR	SA	SU
1	2	3	4	5	6	7
8	9	10	11	12	13	14
15	16	17	18	19	20	21
22	23	24	25	26	27	28
29	30	31	1	2	3	4

siku za biashara

ວັນເຮັດວຽກ

MO	TU	WE	TH	FR	SA	SU
1	2	3	4	5	6	7
8	9	10	11	12	13	14
15	16	17	18	19	20	21
22	23	24	25	26	27	28
29	30	31	1	2	3	4

mwishoni mwa wiki

ທ້າຍສັບປະດາ

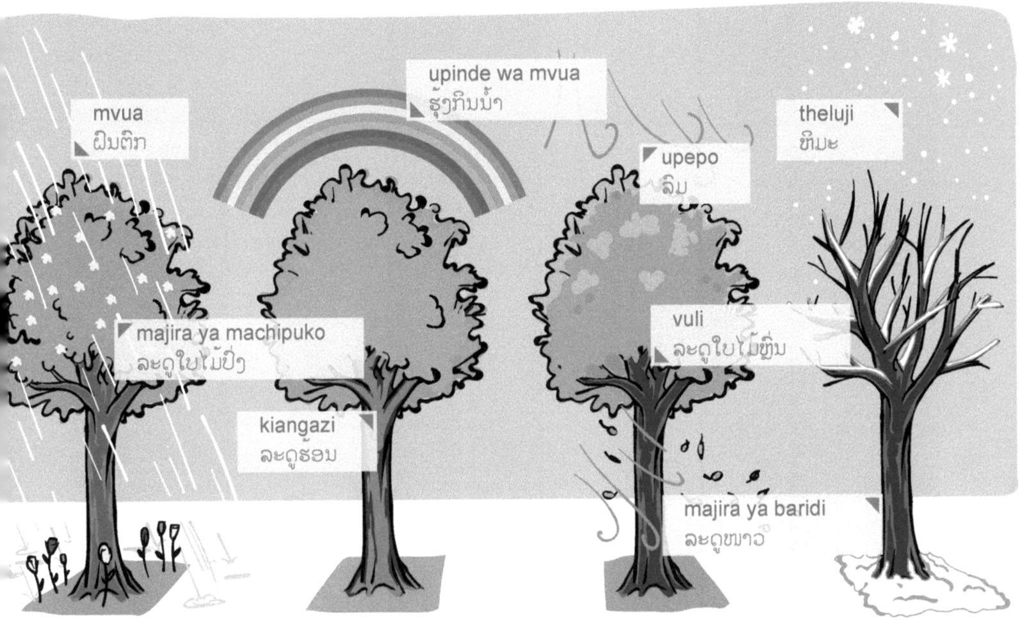

mvua
ຝົນຕົກ

upinde wa mvua
ຮຸ້ງກິນນ້ຳ

theluji
ຫິມະ

upepo
ລົມ

majira ya machipuko
ລະດູໃບໄມ້ປົ່ງ

vuli
ລະດູໃບໄມ້ຫຼົ່ນ

kiangazi
ລະດູຮ້ອນ

majira ya baridi
ລະດູໜາວ

utabiri wa hali ya hewa

ການພະຍາກອນອາກາດ

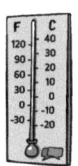

kipimajoto

ເຄື່ອງວັດອຸນຫະພູມ

mwanga wa jua

ແສງແດດ

wingu

ຂີ້ເຜື່ອ

ukungu

ໝອກ

unyevu

ຄວາມຊຸ່ມ

umeme

ສາຍຟ້າແມບ

radi

ຟ້າຮ້ອງ

dhoruba

ພະຍຸ

mvua ya mawe

ຝົນກາເຫັບ

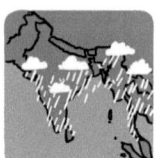

monsuni

ລົມມໍລະສຸມ

mafuriko

ນ້ຳຖ້ວມ

barafu

ນ້ຳກ້ອນ

Januari

ມັງກອນ

Februari

ກຸມພາ

Machi

ມີນາ

Aprili

ເມສາ

Mei

ພຶດສະພາ

Juni

ມິຖຸນາ

Julai

ກໍລະກົດ

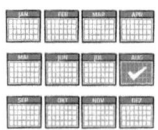

Agosti

ສິງຫາ

Septemba

ກັນຍາ

Oktoba

ຕຸລາ

Novemba

ພະຈິກ

Desemba

ທັນວາ

maumbo

ຮູບຮ່າງ

mduara

ວົງມົນ

mraba

ສີ່ຫຼ່ຽມ

mstatili

ຮູບສີ່ຫຼ່ຽມມຸມສາກ

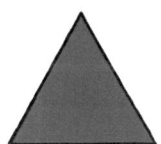

pembetatu

ສາມຫຼ່ຽມ

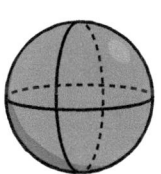

nyanja

ໝ້ວຍກົມ

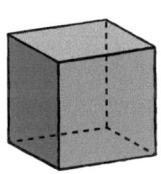

mchemraba

ຮູບສີ່ຫຼ່ຽມມິມທົນ

nyeupe

ສີຂາວ

manjano

ສີເຫຼືອງ

chungwa

ສີສົ້ມ

rangi ya waridi

ສີບົວ

nyekundu

ສີແດງ

hudhurungi

ສີມ່ວງ

bluu

ສີຟ້າ

kijani

ສີຂຽວ

hanja

ສີນ້ຳຕານ

jivujivu

ສີເທົາ

nyeusi

ສີດຳ

mengi / kidogo

ຫຼາຍ / ໜ້ອຍ

hasira / pole

ໃຈຮ້າຍ / ໃຈເຢັນ

nzuri / mbaya

ງາມ / ຂີ້ຮ້າຍ

mwanzo / mwisho

ການເລີ່ມຕົ້ນ / ການສິ້ນສຸດ

kubwa / ndogo

ໃຫຍ່ / ໜ້ອຍ

angavu / giza

ແຈ້ງ / ມືດ

kaka / dada

ນ້ອງຊາຍຫຼືອ້າຍ /
ນ້ອງສາວຫຼືເອື້ອຍ

safi / chafu

ສະອາດ / ເປື້ອນ

kamilika / tokamilika

ສຳເລັດ / ບໍ່ສຳເລັດ

siku / usiku

ກາງວັນ / ກາງຄືນ

wafu / hai

ຕາຍ / ມີຊີວິດ

pana / nyembamba

ກວ້າງ / ແຄບ

kulika / kutolika

ກົນໄດ້ / ກົນບໍ່ໄດ້

ovu / ema

ຂີ້ຮ້າຍ / ໃຈດີ

sisimkwa / udhika

ໜ້າຕື່ນເຕັ້ນ / ໜ້າເບື່ອ

nene / nyembamba

ອ້ວນ / ຈອຍ

kwanza / mwisho

ທຳອິດ / ສຸດທ້າຍ

rafiki / adui

ເພື່ອນ / ສັດຕູ

jaa / tupu

ເຕັມ / ວ່າງເປົ່າ

ngumu / laini

ແຂງ / ນຸ້ມ

nzito / nyepesi

ໜັກ / ເບົາ

njaa / kiu

ຄວາມທິວ / ຄວາມທິວນ້ຳ

mgonjwa / mwenye afya

ໄຂ້ / ສຸຂະພາບດີ

haramu / kisheria

ຜິດກົດໝາຍ / ຖືກກົດໝາຍ

akili / kijinga

ສະຫຼາດ / ໂງ່

kushoto / kulia

ຊ້າຍ / ຂວາ

karibu / mbali

ໃກ້ / ໄກ

mpya / kutumika

ใໝ່ / ໃຊ້ແລ້ວ

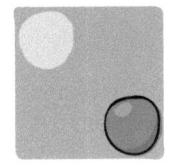

kitu / jambo

ບໍ່ມີຫຍັງ / ບາງສິ່ງບາງຢ່າງ

zee / changa

ແກ່ / ໜຸ່ມ

waka / zima

ເປີດ / ປິດ

wazi / fungwa

ເປີດ / ປິດ

utulivu / kelele

ງຽບ / ດັງ

tajiri / masikini

ຮັ່ງມີ / ຍາກຈິນ

sahihi / kosa

ຖືກ / ຜິດ

mbaya / laini

ບໍ່ລຽບ / ລຽບ

huzunika / furahia

ໂສກເສົ້າ / ດີໃຈ

fupi /ndefu

ສັ້ນ / ຍາວ

polepole / haraka

ຊ້າ / ໄວ

nyevu / kavu

ປຽກ / ແຫ້ງ

joto / baridi

ອົບອຸ່ນ / ໜາວເຢັນ

vita / amani

ສົງຄາມ / ສັນຕິພາບ

ຕົວເລກ / ຈຳນວນ

0	**1**	**2**
sufuri	moja	mbili
ສູນ	ໜຶ່ງ	ສອງ
3	**4**	**5**
tatu	nne	tano
ສາມ	ສີ່	ຫ້າ
6	**7**	**8**
sita	saba	nane
ຫົກ	ເຈັດ	ແປດ
9	**10**	**11**
tisa	kumi	kumi na moja
ເກົ້າ	ສິບ	ສິບເອັດ

12

kumi na mbili

ສິບສອງ

13

kumi na tatu

ສິບສາມ

14

kumi na nne

ສິບສີ່

15

kumi na tano

ສິບຫ້າ

16

kumi na sita

ສິບຫົກ

17

kumi na saba

ສິບເຈັດ

18

kumi na nane

ສິບແປດ

19

kumi na tisa

ສິບເກົ້າ

20

ishirini

ຊາວ

100

mia

ໜຶ່ງຮ້ອຍ

1.000

elfu

ໜຶ່ງພັນ

1.000.000

milioni

ໜຶ່ງລ້ານ

Kiingereza

ພາສາອັງກິດ

Kiingereza cha Marekani

ພາສາອັງກິດແບບອາເມລິກັນ

Kimandarini cha Uchina

ພາສາຈິນແມນດາຣິນ

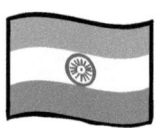

Kihindi

ພາສາຮິນດີ

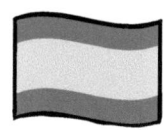

Kihispania

ພາສາສະເປນ

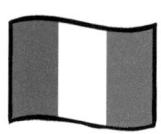

Kifaransa

ພາສາຝຣັ່ງເສດ

Kiarabu

ພາສາອາຣັບ

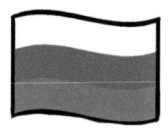

Kirusi

ພາສາຣັດເຊຍ

Kireno

ພາສາປ໊ອກຕຸຍການ

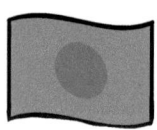

Kibengali

ພາສາແບງກາອລ

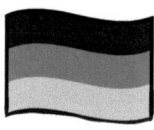

Kijerumani

ພາສາເຍຍລະມັນ

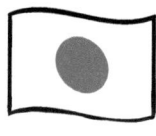

Kijapani

ພາສາຍີ່ປຸ່ນ

mimi

ຂ້ອຍ

wewe

ເຈົ້າ

♂ ♀ ○

yeye / yeye / ni

ລາວ (ຜູ້ຊາຍ) / ລາວ (ຜູ້ຍິງ) / ມັນ

sisi

ພວກເຮົາ

wewe

ພວກເຈົ້າ

wao

ພວກເຂົາ

nani?

ໃຜ?

nini?

ແມ່ນຫຍັງ?

jinsi gani?

ແນວໃດ?

wapi?

ຢູ່ໃສ?

lini?

ເມື່ອໃດ?

HELLO, I AM

jina

ຊື່

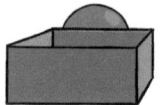

nyuma

ຢູ່ທາງຫັ້ວ

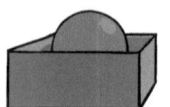

katika

ໃນ

mbele ya

ຢູ່ທາງໜ້າ

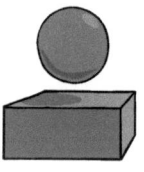

juu ya

ເໜືອກວ່າ

kwenye

ຢູ່ເທິງ

chini ya

ຢູ່ກ້ອງ

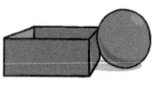

kando

ທາງຂ້າງ

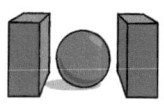

kati

ຢູ່ລະຫວ່າງ

mahali

ສະຖານທີ່